LE

FLÉAU DU TAUDIS

LE PREMIER REMÈDE :

LES HABITATIONS OUVRIÈRES

PAR

Fénelon GIBON

SECRÉTAIRE DE LA SOCIÉTÉ GÉNÉRALE D'ÉDUCATION

ET DE L'ASSOCIATION POUR LE REPOS ET LA SANCTIFICATION DU DIMANCHE

S'adresser à l'Auteur, 14bis, rue d'Assas, PARIS (VIe)

(PREMIER MILLE)

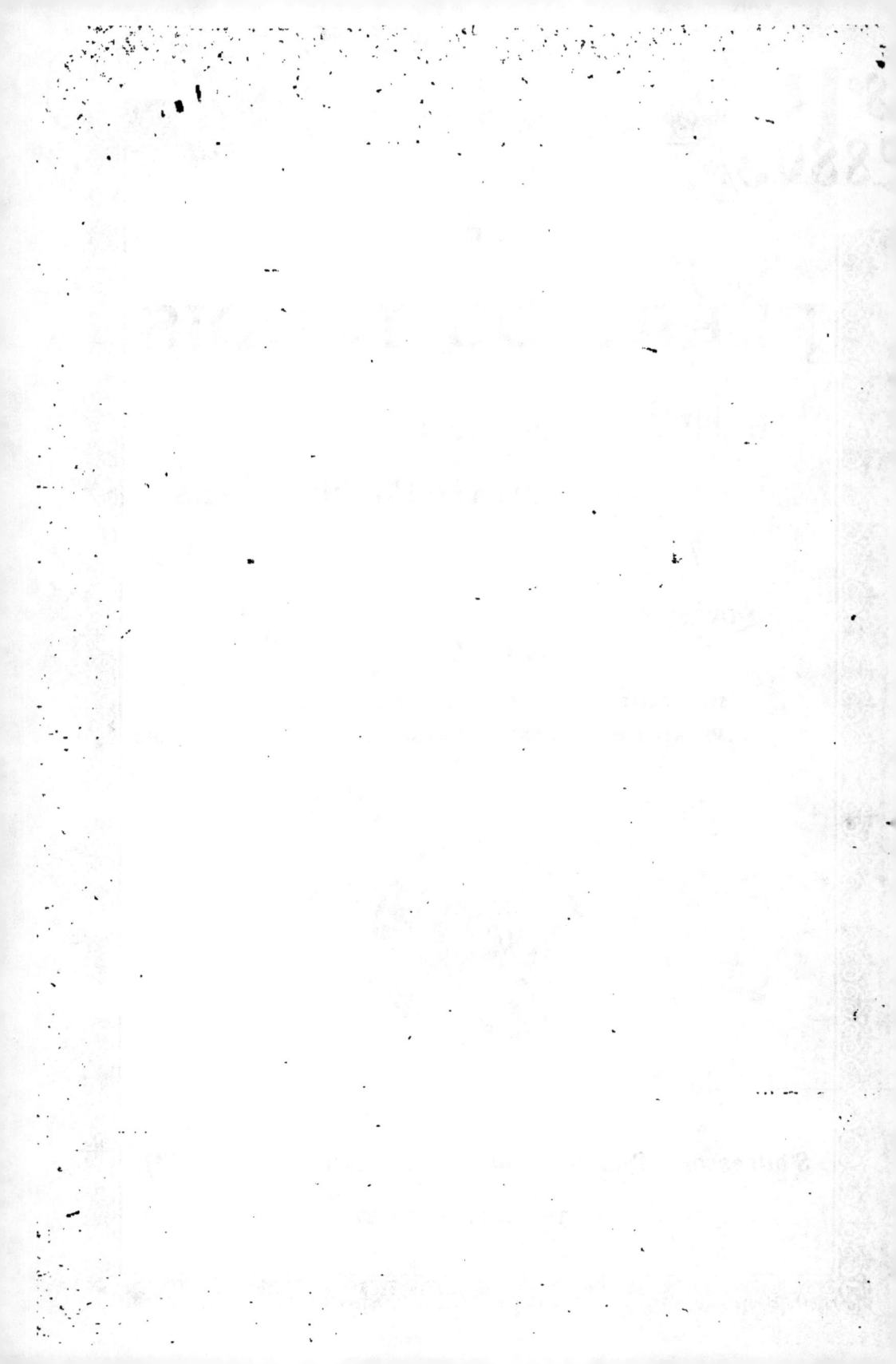

LE

FLÉAU DU TAUDIS

LE PREMIER REMÈDE :
LES HABITATIONS OUVRIÈRES

PAR

Fénelon GIBON

SECRÉTAIRE DE LA SOCIÉTÉ GÉNÉRALE D'ÉDUCATION
ET DE L'ASSOCIATION POUR LE REPOS ET LA SANCTIFICATION DU DIMANCHE

S'adresser à l'Auteur, 14bis, rue d'Assas, PARIS (VIe)

TABLE DES MATIÈRES

I. — Le Taudis.

II. — Le principal remède : les habitations ouvrières.

REMÈDES AU TAUDIS :

Conclusions.

BIBLIOGRAPHIE.

PRIX :

Brochure in-16 de 80 pages . . . . o fr. 60
13/12 exemplaires, *franco* . . . . 7 fr. »
25 exemplaires, *franco*. . . . . 15 fr. »
50 exemplaires, *franco gare*. . . . . 28 fr. »
100 exemplaires, *franco gare* . . . . 50 fr. »

*Prière de joindre aux commandes mandat ou bon de poste,
à l'adresse de l'auteur :*

14ᵇⁱˢ, rue d'Assas, Paris (VI⁰ Arrⁱ).

LE TAUDIS

Le premier remède au mal : les habitations ouvrières

La condition du logement de l'ouvrier des villes est, en général, déplorable dans tous les pays. C'est la raison qui nous amène à étudier, dans cette modeste brochure, documents en main, le fléau du taudis et ses remèdes.

La présente étude : *Le Taudis*, est la suite logique des trois études antérieures, que nous avons consacrées à des fléaux qui désolent notre cher pays, la *Dépopulation* (1), l'*Alcoolisme* (2), la *Tuberculose* (3).

I

Le Taudis.

Importance du logement.

M. Emile CHEYSSON, de l'Institut, membre du Conseil supérieur des Habitations à bon marché, a analysé le douloureux phénomène du taudis (4). Cette analyse met en un puissant relief le rôle, si important, du logement.

---

(1) *Statistiques de la Natalité en France* (Revue pratique d'Apologétique, 15 mars 1917).

(2) *Le mal social de l'Alcoolisme :* Moyens pratiques de le combattre (même revue, 1er août, 15 sept. et 1er oct. 1917).

(3) *Le fléau de la Tuberculose :* Moyens pratiques de le combattre (même revue, 1er mai, 1er juin et 15 août 1918).

(4) *Le Taudis, ses dangers, ses remèdes,* par E. CHEYSSON (Société française des habitants à bon marché, 9, rue Solférino, Paris).

Au moyen-âge, toutes les familles, même les plus pauvres, possédaient en propre leur maison — très humble à coup sûr — mais enfin leur maison, et elles l'habitaient. Aujourd'hui encore, dans l'Orient, le Nord et le Midi de l'Europe, cette coutume est générale. Sur plusieurs points de ces contrées, la jeune fille ne consentirait pas à prendre un mari qui n'aurait pas son habitation, si bien que le plus vif attrait de l'humanité pousse les jeunes gens à de grands efforts de travail et d'épargne pour obtenir ce résultat. Mon illustre maître, Le Play, nous racontait un jour qu'au cours de ses voyages en Orient il lui avait été impossible de découvrir et de se faire indiquer, malgré l'appât d'une récompense, une seule famille qui n'eût pas la propriété de son foyer.

Même dans notre pays, ces traditions sont beaucoup moins abandonnées qu'on n'est généralement porté à le croire, quand on ne porte pas ses yeux au delà de nos caravansérails parisiens. La France est tellement calomniée, — même et surtout par ses propres enfants qui, par la littérature et le théâtre, la noircissent comme à plaisir, — qu'il faut saisir toutes les occasions de rétablir la vérité et de rendre à notre pays la justice à laquelle il a droit.

Nous possédons, en chiffres ronds, 9 millions de maisons et 10.700.000 ménages, ce qui correspond en moyenne à 12 ménages pour 10 maisons. Le fait général est donc l'unité de la famille, non par logement, mais par maison. Ce n'est pas tout : les trois cinquièmes de ces maisons sont habitées par leur propriétaire, qui les occupe seul.

Ainsi en France, — on ne saurait trop le redire, — presque toutes les familles habitent seules dans une maison, et la moitié d'entre elles, dans une maison qui leur appartient. En Angleterre, ce fait est beaucoup plus rare. Les Anglais ont cependant réussi à se donner l'auréole du peuple qui connaît le mieux la douceur du chez soi, le charme intime et pénétrant du *home*. « Or, dit M. de Foville, ce foyer, c'est le peuple anglais, peuple de locataires et de voyageurs, à qui il manque le plus, n'en déplaise à la légende, et c'est le peuple français auquel il manque le moins. » M. Aynard ajoute que « les Anglais parlent du *home*, comme nous parlons de la famille française dans nos romans. Ils prennent autant de soin à se faire valoir que nous à nous dénigrer. La vérité, c'est que c'est en France qu'existe réellement le fameux *home* anglais. »

Tel n'est pas, malheureusement, le spectacle que nous donnent nos grandes villes.

... La formation des grandes villes est due à tout un ensemble de causes, dont une des principales me paraît être l'avènement de la machine à vapeur, avec les facilités qu'elle a données au déplacement des hommes et des choses, à la création de la grande industrie et aux agglomérations ouvrières.

Les cités sont un des puissants facteurs de la civilisation, un des traits caractéristiques de la physionomie des sociétés modernes, dont elles sont la parure et l'orgueil; mais elles ont des côtés moins lumineux et présentent des dangers d'ordre matériel et moral, que J.-J. Rousseau dénonçait déjà dans l'*Émile* : « Les hommes, disait-il, ne sont point faits pour être entassés en fourmilières, mais épars sur la terre qu'ils doivent cultiver. Plus ils s'assemblent, plus ils se corrompent. Les infirmités du corps, ainsi que les vices de l'âme, sont l'infaillible effet de ce concours trop nombreux. L'homme est, de tous les animaux, celui qui peut le moins vivre en troupeau. Des hommes, entassés comme des moutons, périraient en peu de temps. L'haleine de l'homme est mortelle à ses semblables : cela n'est pas moins vrai au propre qu'au figuré. Les villes sont le gouffre de l'espèce humaine. Au bout de quelques générations, les races périssent ou dégénèrent : il faut les renouveler, et c'est toujours la campagne qui fournit à ce renouvellement (1). »

Si Rousseau avait déjà raison quand il écrivait cette tirade éloquente, combien n'est-elle pas devenue d'une vérité encore plus poignante, par suite de l'évolution industrielle et de

(1) *Émile*, liv. I, p. 36. — Comme le disait encore J.-J. Rousseau dans l'*Émile*, « elles sont le gouffre de l'espèce humaine » ; de véritables « mangeuses d'hommes », et c'est précisément l'insalubrité de la maison qui constitue leur principal moyen d'action pour développer la misère et la mortalité de leurs habitants.

l'accroissement des villes ! De nos jours, Émile Verhaeren, le poète des *Campagnes hallucinées*, a lancé des vers enflammés contre « la pieuvre ardente et la ville tentaculaire ». La statistique, après la poésie, vient à la rescousse pour condamner, au point de vue de la démographie, les entassements urbains et démontrer que les grandes villes sont « des mangeuses d'hommes ». Les immigrants viennent s'y fondre comme le minerai dans le fourneau, et s'il sort de ces fournaises humaines des lingots de métal pur, combien ne rejettent-elles pas de scories et de déchets ; combien ne s'élabore-t-il pas dans leurs profondeurs de mélanges explosifs et de vapeurs délétères, qui peuvent menacer la sécurité et la santé publiques !

La question de l'habitation joue un rôle capital dans le développement de la famille ; elle influe également sur sa santé physique et sur sa moralité. Un logement salubre, spacieux, bien aéré, retient l'ouvrier chez lui, l'habitue à vivre avec les siens, à connaître et développer l'esprit de ses enfants ; il renonce aux habitudes d'intempérance, économisant ainsi une somme supérieure à l'augmentation de la portion du salaire hebdomadaire qui est affectée au loyer. Le mauvais logement, « le taudis », est, au contraire, un facteur de misères et de méfaits de toute nature ; il est le recruteur du cabaret, il propage incessamment les germes de la tuberculose, il tue, chaque année, des milliers de jeunes existences dont il a précocement flétri l'âme dans la promiscuité des chambres surpeuplées. Le taudis pousse les enfants au vagabondage, empêche les parents de s'occuper d'eux, décourage la mère de famille qui n'a plus aucun goût à soigner un intérieur qu'il lui est impossible de maintenir propre et décent.

M. Jules SIEGFRIED, dans une brochure à laquelle nous ferons d'utiles emprunts (1), constate que, lorsque les

---

(1) Jules SIEGFRIED : *Les habitations à bon marché.* — Paris, Lib. Alcan, 1914.

prescriptions fondamentales en fait d'hygiène de l'habitation sont négligées, les logements ouvriers peuvent devenir de véritables tombeaux pour les malheureux qui, sans se douter des dangers qu'ils couraient, se sont exposés à la perte de leur santé et de leur bonheur. Il écrit :

Une statistique des plus intéressantes a été faite, à cet égard, dans l'une de nos plus grandes villes, dont le Bureau d'hygiène a eu l'excellente idée d'établir un dossier sanitaire pour chaque rue et chaque maison.

On a relevé, pendant une période de vingt ans, le nombre des morts d'une vieille maison, mal construite, mal orientée, et comprenant un grand nombre de logements : le taux moyen était, par an, de 75 morts pour 1.000 habitants. Par contre, dans une petite maison entre cour et jardin, bien située et bien construite, la mortalité pendant le même temps ne s'était élevée qu'à 15 p. 1.000 et par an.

Causes du Taudis.

Dans la brochure déjà citée, M. Cheysson assigne au taudis deux causes principales, le *déracinement* et le *surpeuplement*, d'une si malfaisante influence dans les grandes villes :

Et d'abord, le déracinement.

L'homme a été comparé avec raison à un arbre qui plonge ses racines dans le sol. Le jour où il quitte son village pour la ville, il souffre comme un de ces pauvres arbres qu'on essaie de transplanter sur nos boulevards, et qui vont y jaunir tristement, puis y mourir, ayant la nostalgie de la forêt natale et lentement empoisonnés par un air chargé de miasmes et par les sucs meurtriers du sous-sol urbain.

Oui, c'est bien, à mon avis, le déracinement qui est la cause profonde, la cause première de tout le malaise social ; il est au fond de chacune de ses manifestations, et l'on parviendra toujours à l'y retrouver, pourvu que l'on sache creuser asssez profondément pour l'y découvrir. Nous sentons tous confusément cette souffrance ; tous, nous avons une aspiration inconsciente vers la terre, vers la verdure, vers le soleil qui nous manquent et qui sont cependant indispensables à l'épanouissement de notre vie. De là, cette joie ingénue que nous cause la vue de la nature; de là, notre goût pour les excursions à la campagne. Quand nous retrouvons la forêt, la prairie, les fleurs, nous éprouvons l'apaisement de l'enfant que calme le sein de sa nourrice. L'amour de Jenny l'ouvrière pour les balcons fleuris et le succès des jardins ouvriers ne s'expliquent-ils pas par ce besoin instinctif du contact avec la nature et par ces aspirations confuses vers un peu de détente, d'idéal et de poésie, qui tourmentent dans leurs profondeurs obscures ces pauvres gens courbés sous la dure loi du labeur quotidien ?

Mais ces trêves du retour à la bonne mère nature sont extrêmement rares pour les ouvriers de nos grandes villes. Trop souvent entassés dans les bâtisses sans air, dont beaucoup de chambres mal éclairées ne respirent que sur des courettes infectes, ils souffrent de toutes les horreurs du surpeuplement. Le proverbe qui affirme que « le soleil luit pour tout le monde » est, pour la plupart d'entre eux, une cruelle dérision. A Paris, plus de 20.000 familles, chargées d'enfants et repoussées par les propriétaires, sont parquées dans des bouges hideux, qui ne sont pas plus l'abri ou le nid de la famille qu'un haillon n'est un vêtement.

Si nous quittons ce langage imagé et fleuri et reprenons la simple prose, nous constatons que le surpeuplement est la conséquence fatale de la rareté et de la hausse des logements. Une enquête, greffée sur un dénombrement de la population, publiée le 6 mars 1906 pour les 616 villes dont la population dépasse 5.000 âmes, a fourni d'affligeantes constatations qui confirment, en la précisant, notre impression générale sur le mauvais état de l'habitation ouvrière et sur les funestes conséquences qu'il entraîne.

Le Ministère du Travail, qui a publié ces relevés pour

50 de ces villes de grande, de moyenne et de minime importance, établit que, sur un million environ de logements qu'elles comprenaient alors, et qui abritaient 3.145.000 personnes, plus de 200.000, avec 400.000 habitants, étaient formés d'une seule pièce. Ces moyennes déjà déplorables, étaient dépassées, par exemple : pour Saint-Étienne, Lyon, Nantes, où la proportion de ces logements d'une pièce atteignait presque le tiers du total, pour Brest, où elle était supérieure à la moitié (11.614 logements d'une pièce sur 21.781).

Parmi ces logements réduits à une pièce unique, on en comptait un certain nombre qui n'avaient pas de fenêtre, étant ainsi privés à la fois d'air et de lumière. Ce nombre était, par exemple, de 423 à Toulouse, de 743 à Bordeaux.

Un autre trait caractéristique est relatif à un détail dont les hygiénistes et les moralistes ont reconnu l'influence sur la santé, la dignité, la bonne tenue d'un ménage, c'est-à-dire la présence d'un cabinet spécial d'aisances par logement. La proportion des logements où cette condition élémentaire n'est pas réalisée, s'élevait alors : pour Rouen, à 83 % ; pour Nantes, à 89 % ; pour Saint-Étienne, à 92 % ; pour Lille, à 95 %.

Nous relevons les intéressantes précisions suivantes sur le recensement de 1905, dans l'étude de M. Roger MERLIN, l'obligeant bibliothécaire-archiviste du Musée social, conduite avec autant de compétence que de précision, et qui paraissait peu de temps avant la guerre (1) :

M. Cheysson fit le résumé du recensement de 1905 pour 50 (des villes sur lesquelles portaient ses relevés) et constata que l'on comptait, pour l'ensemble de ces villes, 33 habitants et 30 pièces pour 10 logements et 11 habitants par 10 pièces ;

(1) *La crise du logement et les habitations à bon marché*, préface de M. Jules Siegfried (Bibliothèque du Musée social).

mais cette moyenne était dépassée par un certain nombre
de villes. En faisant porter les calculs non pas sur l'ensemble des logements de chaque ville, mais seulement sur les
logements occupés par les familles nombreuses, on obtenait
des résultats plus défavorables : à Amiens, le nombre d'habitants par pièce était de 2,6 pour les familles de huit personnes, de 2,8 pour celles de neuf personnes et de 3 pour
celles de 10 ; ce nombre était, pour les familles de 8 personnes, à Brest, de 3,1 ; à Nantes, de 3,4 ; à Fougères, de
3,5 ; à Saint-Etienne, de 3,6 ; à Concarneau, de 4,8. La
population des logements ne contenant qu'une seule pièce
représentait, sur l'ensemble des villes enquêtées, 12 % en
moyenne, de la population totale de ces villes. Mais elle
atteignait : 20 % à Saint-Etienne, 22 % au Puy, 42 % à
Brest, 48 % à Fougères, 60 % à Concarneau.

Elle est, à Paris, de 26 %, d'après le docteur Jacques Bertillon, chef des travaux de la statistique de Paris, qui consi-
dère comme surpeuplés « les logements dans lesquels le
nombre des habitants dépasse le double du nombre des
pièces, c'est-à-dire tous ceux où chaque habitant ne dispose
pas même d'une demi-pièce ». Il évaluait ainsi qu'en 1901,
341.040 Parisiens, soit 14,40 % de la population totale
vivaient dans des logements comprenant moins d'une demi-
pièce par habitant. Le surpeuplement frappait naturellement
les familles les plus nombreuses : pour les ménages à quatre
enfants, la proportion des mal logés montait à 27 % dans
les quartiers dits aisés, à 44 % dans les quartiers pauvres,
à 48 % dans les quartiers très pauvres. La population parisienne est plus condensée qu'à Londres, New-York ou Berlin. Paris a perdu, en 10 ans, 1 121.191 mètres carrés d'espace
libre : 1/6me de la superficie totale. La densité y est de
700 habitants par hectare à la Porte Saint-Martin, de 800
aux Arts et Métiers, de 1.000 à Bonne-Nouvelle.

Dans le n° 5 du recueil de statistique municipale de la
ville de Paris, publié en 1913, le docteur Bertillon a établi la
statistique des logements à Paris ; il a noté le nombre absolu
des logements qu'il faudrait aux ménages vivant actuellement dans des logements surpeuplés (moins d'une demi-

pièce par personne) : ce nombre serait de 46.286. Réparti
par arrondissement, ce nombre nécessaire n'est pas très considérable dans les arrondissements du centre, du Iᵉʳ au Xᵉ,
(sauf dans le Vᵉ), mais il est considérable dans les arrondissements de la périphérie.

Cependant, le Dʳ Bertillon reconnaît, dans la même étude,
que l'amélioration des conditions du logement est certaine, à
Paris, de 1901 à 1911 et dans tous les arrondissements. Si,
en 1901, sur 1.000 habitants, 143 vivaient dans des logements
« surpeuplés », il n'y en a plus, en 1911, que 82 ; si, en 1901,
374 habitaient des logements « insuffisants » (*moins d'une
pièce et plus d'une demi-pièce par personne*), il n'y en a plus,
en 1911, que 350 (1).

Le même auteur nous offre un tableau, tout aussi
impressionnant et animé, des *îlots insalubres* de la capitale, frappés, à coups redoublés, par la mortalité tuberculeuse :

... Si encore ces immeubles contaminés étaient disséminés,
écrit-il, le danger serait moins grand ; mais, à Paris, ils forment, pour la plupart, des îlots compacts, où le mal se nour-
rit de sa propre substance. On les connaît de longue date,
grâce au casier sanitaire dressé à l'Hôtel de Ville, création
admirable de M. Juillerat (2). Il faudrait les détruire par

(1) M. Roger Merlin explique comme suit la diminution des
familles nombreuses mal logées entre 1901 et 1911, qui ressort de la
statistique des logements, établie par le Dʳ Bertillon : « Cela tient
à ce que les familles nombreuses (composées de 6 personnes et au
delà) ont diminué de 56.000 personnes environ, tandis que le nombre des personnes appartenant à des ménages composés de 1 ou de 2
personnes a augmenté de 144.000 environ. Or, pour ces 144.000 personnes, le surpeuplement est impossible par définition (n'est surpeu-
plée qu'une pièce renfermant plus de deux personnes). Il est forcé-
ment très rare, pour les familles de 3 personnes (dont le contingent
s'est accru de 104.550 personnes).

« Pour comparer utilement les conditions de logement à diverses
époques, il faut considérer des ménages ayant même composition. »

Ne nous leurrons donc pas trop sur l'amélioration des conditions du
logement ouvrier.

(2) V. son rapport du 23 mars 1905 au directeur des affaires municipales de la ville de Paris.

masses et ne pas se contenter d'en démolir un de ci, de là,
pour satisfaire un peu chaque quartier...

Près de l'Hôtel de Ville, il y a le vieux quartier des Lombards ; de hideuses masures entourent l'église Saint-Merri.
Dans les rues avoisinantes, sur 276 maisons, 250 sont contaminées par la tuberculose. Annuellement et régulièrement,
12,60 p. 1.000 habitants sont frappés. Dans la rue Brisemiche, la mortalité tuberculeuse atteint 21,74 par 1.000 dans
les maisons ordinaires, et jusqu'à 42,63 dans les hôtels meublés. Près de la place Maubert, sur 100 maisons, 90 sont
frappées : 14,10 décès par 1.000 habitants, 21,27 par 1.000
dans les garnis.

A Plaisance, sur 597 immeubles, 448 sont marqués par la
contagion ; celle-ci terrasse, dans les garnis, 28,43 par 1.000.
Il y a également un foyer d'infection aux abords immédiats
de l'hôpital Saint-Antoine.

Pour vaincre le mal, la ville devrait exproprier et démolir, par grandes masses ; mais elle recule devant le total de
la dépense et, de fait, la loi d'expropriation du 3 mai 1841, en
indemnisant le propriétaire de tout le prix qu'il tire de sa
maison, sans se soucier de l'hygiène, est une prime à sa
négligence coupable...

Le mal est tout aussi grand, dans les grandes villes de province. A Tours, c'est par centaines (1) qu'on compte ces maisons ; à Toulouse, un quartier insalubre est habité par une
population trois fois plus dense que celle qui réside dans les
autres quartiers de la ville. A Angers, il y a 2.000 immeubles
insalubres ; à Roubaix, il y en a 10.000 ; à Troyes, 2.000.

Est-il étonnant, devant cette situation du logement,
que le père se réfugie au cabaret, que les enfants descendent
dans la rue et que la mortalité infantile y sévisse ?

Jules Simon avait déjà dénoncé le taudis comme le pourvoyeur du cabaret. Donnez, au contraire, à la famille
ouvrière, un logement sain et aéré, et vous lutterez efficacement contre l'alcoolisme. Un coopérateur du *Foyer Lor-*

---

(1) Rapport présenté en 1912 à la Chambre des députés par
M. L. Bonnevay.

rain (1) disait : « Depuis que je suis dans ma maison, les marchands de vin ne me saluent plus ! »

Le déracinement, le surpeuplement, les îlots contagieux, voilà, certes, des causes qui provoquent directement le fléau du taudis. Le *renchérissement des loyers, en regard du salaire de l'ouvrier*, en est une autre, tout aussi efficiente ; il importe d'y arrêter un moment lecteur.

Il devient de plus en plus difficile à l'ouvrier de se procurer ce logement idéal dont on ne saurait trop exalter les bienfaits. On considérait jadis comme un axiôme que « l'ouvrier travaille un jour par semaine pour son propriétaire », ce qui revient à dire que le salaire d'une journée doit payer le loyer de la semaine. Mais les faits économiques d'ordre général ont bouleversé, depuis quelques années, cette règle traditionnelle ; l'augmentation du prix de la vie, l'accroissement considérable des frais de construction des immeubles, la rareté croissante des logements, à Paris notamment, par suite de l'afflux constant et régulier de la population venant de province, ont amené une élévation considérable du prix des loyers, qu'on peut évaluer à un tiers pour l'ensemble (2) et qui est particulièrement sensible sur les loyers inférieurs à 500 francs, les seuls que puisse occuper l'immense majorité des travailleurs manuels.

La mauvaise volonté des propriétaires et des concierges pour loger les familles nombreuses. — Cette crise est particulièrement pénible pour les familles nombreuses, pour lesquelles les dépenses de nourriture et de vêtements sont presque impossibles à réduire. Non seule-

(1) Dr Remy COLLIN : *Les foyers nouveaux.*
(2) On comprendra que nous négligions complètement ici la situation de la période de guerre, durant laquelle les pouvoirs publics ont érigé un régime spécial (moratorium, salaires surélevés, etc.).

ment, elles ne peuvent élever la somme consacrée à leur loyer, mais elles sont systématiquement repoussées par les concierges qui craignent l'embarras, le bruit, les dégradations causées par « la marmaille ».

Combien de fois arrive-t-il, en effet, que des familles nombreuses cherchant un gîte et sur le point de traiter avec un propriétaire se voient refuser l'appartement qui leur conviendrait, sous le prétexte qu'elles ont des enfants : les enfants ont l'inconvénient de faire du bruit ; cela déplaît à certains locataires, sensibles d'oreille et grands amateurs de silence. Eh bien, oui ; mais enfin, les familles nombreuses vont-elles conséquemment rester dans la rue ?... Il y a des chicanes ; et les propriétaires ont leurs arguments : « Je loue à ma guise, et vous n'allez pas m'obliger à prendre un locataire qui va mettre en fuite mes autres locataires ?... » Toujours est-il qu'on ne saurait sans barbarie laisser dehors les malheureux qui sont coupables d'avoir des enfants. Les laisser dehors, non ; mais, si vous les contraignez à s'entasser dans d'ignobles taudis, c'est encore une ignominie, et très dangereuse. Les malheureux qui sont coupables d'avoir des enfants méritent tous les égards et la reconnaissance du pays, à notre époque où le pays a un tel besoin d'enfants : c'est l'évidence incontestable et pathétique. Le problème de la « repopulation » n'est pas de ceux qu'on élude ou qu'on résoud facilement. Du moins, faut-il que la situation du père et de la mère de famille, déjà si onéreuse, ne devienne pas impossible. Les enfants ne peuvent pourtant pas coucher à la belle étoile !

M. Georges CAHEN (1) a cité des exemples odieux, et bien topiques, de la mauvaise volonté du propriétaire,

_____

(1) Georges CAHEN : *Le logement dans les villes ; la crise parisienne.* Paris, Lib. Alcan, 1913.

et surtout du concierge, quand il s'agit de loger une famille nombreuse :

Les P..., dit-il, ont dû s'entasser, avec huit enfants, de vingt-deux ans à sept mois, dans deux pièces étroites et un cabinet noir rongés par la vermine. — Les J..., dans un logement modeste du quartier du Combat, ont six enfants dont l'aîné a dix ans ; ils ont frappé à quarante et une maisons et partout essuyé des refus; pour entrer dans la quarante-deuxième, ils ont dû n'avouer que trois enfants; les trois autres, le jour de l'emménagement, avaient été installés aux Buttes Chaumont, où on ne les alla quérir qu'à la nuit close; mais cette supercherie avait été vite découverte ; dès le lendemain, on leur avait donné congé pour le demi terme; et afin d'assurer leur départ, le propriétaire s'était même chargé des frais de déménagement ! — La famille G..., qui compte cinq enfants de un à treize ans, a dû, pour être admise dans un misérable réduit de 15 mètres carrés, dissimuler trois enfants dans des sacs !

On se plaint de la propagande, dans les milieux ouvriers, de la campagne néo-malthusienne; mais il faut bien reconnaître qu'elle est une conséquence de la difficulté que les familles nombreuses, repoussées de porte en porte, trouvent à se loger.

État actuel du logement dans les campagnes

Bien que cette étude envisage principalement l'état actuel du logement dans les villes, l'état actuel du logement dans les campagnes mérite de retenir quelque peu l'attention du lecteur. Sans doute, la situation y est sensiblement moins grave, en raison du phénomène malheureux de leur dépopulation ; mais il n'en est pas moins vrai que, si les gens trouvent facilement à se loger dans les maisons existantes, l'insalubrité y règne encore trop souvent en maître, par suite de la négligence, de l'ignorance même des règles les plus élémentaires de l'hygiène.

La brochure, déjà citée, de M. Roger Merlin, présente à cet égard, les observations suivantes :

Dans une « comparaison de la mortalité infantile de la ville et de la campagne » le Dr Cruveilhier, de l'Institut Pasteur, assure que « pour ce qui concerne les enfants de o à 1 an la mortalité infantile n'est pas moins élevée à la campagne que dans les agglomérations urbaines et industrielles ».

Et, dans une autre étude sur « la mortalité infantile à la campagne » le même auteur écrivait : « La conclusion qui se dégage nettement des diverses statistiques que nous venons de résumer est que, pour ce qui concerne les enfants de moins d'un an, la natalité est bien souvent aussi élevée et quelquefois même plus élevée à la campagne que dans les agglomérations urbaines et industrielles ».

Dans une introduction à « une enquête sur les conditions de l'habitation en France et les maisons types », M. Alfred de Foville (1) décrivait un certain nombre d'intérieurs révélés par l'enquête. Cependant, il reconnaissait que l'on bâtit des maisons neuves et que celles-ci valent mieux que les anciennes.

Si le paysan s'inquiète moins de sa maison que de son champ ou de son bétail, c'est que la maison ne rapporte rien, et malheureusement, il ne pense pas au défaut d'hygiène qui lui apportera la maladie ! « Même dans la campagne, ajoutait M. de Foville, il surgit, chaque année, bon nombre de maisons neuves ; et, pour peu qu'elles soient autrement conçues que celles qui les ont précédées, un siècle suffira pour amener de grands changements dans le régime général de l'habitation. »

Un siècle ! Ce serait un peu long pour satisfaire les légitimes impatiences de voir l'habitation rurale assainie et reconstruite ! Pour diminuer ce long espace de temps, nous émettons, à la suite de M. Roger Merlin, le vœu de voir « l'administration de l'Agriculture mettre

(1) Paris, Librairie Leroux, 1894.

à la disposition des paysans, comme elle en avait eu, un moment, l'intention, des types de construction variant suivant le pays et les prix des matériaux ». — Ce serait le moyen de hâter le jour de ce renouvellement nécessaire.

Traités en parias véritables, les pauvres ménages de 6 ou 7 personnes sont repoussés par presque tous les propriétaires, peu soucieux de loger une clientèle grouillante et sans ressources, dont l'éviction ferait scandale et soulèverait l'opinion publique. Par l'effectif de leurs membres, ces familles auraient besoin de logements spéciaux, c'est-à-dire à gros loyers; mais, d'un autre côté, par leur dénuement presque fatal, elles sont acculées à ces taudis étroits et infects, où l'on consent à les recevoir, et où elles s'entassent dans des conditions d'encombrement et de promiscuité aussi contraires à l'hygiène qu'à la décence.

Pour se faire une idée exacte de ces bouges, il faut les voir soi-même, et, une fois qu'on les a vus, on ne peut plus les oublier. Cette évocation sinistre nous poursuit à l'état d'obsession au milieu même des plaisirs et des fêtes, comme le spectre de Banco, et l'on songe alors au mot de La Rochefoucauld : « En présence de certains spectacles, on a le remords d'être heureux ! »

Seule, la vue directe permet de mesurer la profondeur de la misère et de l'abjection, où peuvent être réduits des êtres humains par l'insalubrité de leur habitation.

« Il y a, dit Condillac, deux barbaries : la barbarie sauvage et la barbarie civilisée. » La barbarie civilisée est certainement plus répugnante et plus intolérable que la barbarie primitive et inconsciente.

Le logement actuel de trop d'ouvriers de Paris et des grandes villes.

Le Docteur René MARTIAL a publié un ouvrage essentiellement éducatif, honoré d'une préface du Docteur A. Calmette, l'éminent directeur de l'Institut Pasteur de Lille, et qui remonte à 1909 (1). Il y décrit ce qu'il appelle « l'habitation ouvrière actuelle ».

Nous y trouvons une description, très vivante, de la physionomie actuelle du *logement de trop d'ouvriers parisiens* :

D'après ce que j'ai vu, à peu d'exceptions près, écrit le Docteur Martial, l'ouvrier ne trouve pour se loger que des maisons infâmes. Les unes sont de vieilles masures, auxquelles l'architecture désuète et la vétusté donnent un cachet de pittoresque indéniable, mais qui, à l'intérieur, tombent manifestement en pourriture. Les chambres louées y sont souvent obscures, le propriétaire gardant pour soi les deux plus belles, celles qui donnent sur la rue et pourvues de hautes fenêtres — mais il n'y en a que deux comme celles-là. — Toutes les autres sont noires, sales, les murs y suintent en tout temps, et le réduit d'aisances, placé dans une courette ignoble ou à mi-chemin des escaliers, empeste tout l'immeuble. Quand, par hasard, on lave la maison, l'humidité ne disparaît pas, et, en voulant faire de la propreté, on a augmenté le pouvoir de culture de tous les microbes des taudis. En écrivant ces lignes, je pense aux vieilles maisons de la rue Saint-Jacques, à Paris, à ces vieilles maisons comprises entre le boulevard Saint-Germain et notre célèbre « Petit Pont ». Grâce à l'énergique campagne d'un des médecins résidant actuellement dans notre vieux Quartier-latin, le sympathique Docteur Noir, toute une partie du quartier Saint-Séverin a été abattue. Mais il reste encore nombre de maisons pareilles, dans les rues qui enserrent les

(1) *L'Ouvrier : son hygiène, son atelier, son habitation* (O. Doin et fils, éditeurs, Paris).

deux plus vieilles et si remarquables églises de Paris : Saint-Julien-le-Pauvre et Saint-Séverin.

Dans presque toutes les villes de province, on retrouve de ces vieux quartiers dont l'admirable pittoresque cache le manque d'hygiène le plus absolu.

Il faut dire, d'ailleurs, que les propriétaires et les habitants de ces maisons ne sont pas plus propres sur eux que les murs dans lesquels ils s'enferment. Beaucoup de ces propriétaires sont de *petits* patrons, tenanciers du débit de vin ou de la fruiterie du rez-de-chaussée ; ce sont gens ignorants, pauvres, besogneux, souvent avares, ne se souciant ni de leur crasse ni de celle de leurs locataires... Les locataires, plus misérables encore que les propriétaires, sont le plus souvent des ouvriers terrassiers, en majeure partie italiens, qui n'ont aucun souci de l'hygiène ; ils mangent, sur le pouce, d'un morceau de pain, d'un hareng, d'un bout de fromage, chiquent et crachent partout, ou fument une vieille pipe et s'endorment sur une paillasse, sans plus songer à rien, abrutis d'ailleurs de fatigue, — ou bien ces vieilles maisons abritent, non pas des ouvriers pauvres et sales, mais honnêtes, mais toute cette populace interlope, genre « château Rouge » — ce fameux château Rouge, que j'ai connu dans la vieille rue Galande, qui fut célèbre comme rendez-vous des assassins, et plus célèbre encore quand les grands-ducs, nos alliés, l'eurent visité. Toute cette population de filles, de souteneurs, de brocanteurs, recéleurs pour la plupart, marchands de vin interlopes, grouillait et grouille encore dans les vieilles maisons aux alentours de la place Maubert, constituant, au centre même de la ville, un foyer d'infection morale dans son bouillon de culture : les vieilles maisons. Ce qu'il y a de plus déplorable, c'est que d'honnêtes familles ouvrières, réduites par la misère, viennent se réfugier dans ces repaires et y vivre. Durant ce temps, les enfants se contaminent au contact des voyous.

Il y a, dans nos grandes villes, une catégorie de vieilles maisons, moins anciennes que celles auxquelles je viens de faire allusion, mais cependant déjà trop vieilles : celles des faubourgs les plus proches ; à Paris, faubourg Saint-Antoine, faubourg Saint-Honoré, faubourg Montmartre, pourtour des Halles. Ces maisons sont, en général, habitées par des familles de braves gens : ouvriers, marchands des quatre-saisons, etc., qui ne demanderaient pas mieux que d'être propres et de vivre conformément aux prescriptions de l'hygiène. Mais, là encore, la vétusté des immeubles est un obstacle formel à l'hygiène. Réparer, modifier, améliorer de tels immeubles n'est guère possible, cela n'en vaut même pas la peine. Il faut démolir. C'est ce que la ville de Paris a bien compris, et le quartier des Halles vient de voir abattre tout un pâté de vieilles maisons, dont quelques-unes du style du XVIIIᵉ siècle le plus pur. Hygiène, nous te sacrifions l'histoire de notre vieux beau Paris !

Une troisième catégorie d'immeubles est celle que l'on trouve dans les plus jeunes faubourgs de Paris, dans les arrondissements périphériques : la Villette, Belleville, Ménilmontant, Charonne, au nord, et au sud, Grenelle, Montparnasse, la Glacière, etc.

Dans tous ces quartiers, on trouve nombre de maisons ouvrières qui n'ont pas plus de 30, 20 et même 10 ans d'âge et qui ont été construites véritablement en dépit de toutes les règles d'hygiène et du bon sens. Ce sont, aujourd'hui, des taudis.

A l'extérieur, on voit une façade haute de deux, trois ou même quatre étages, sale, délabrée, fissurée, dont le crépi tombe en larges plaques, comme des squames, laissant apparaître du plâtre, où des carreaux de plâtre, ou des briques soutenues par de minces poutrelles. Du toit peu incliné pend une gouttière qui déverse son eau dans la boutique du marchand de vin installé au rez-de-chaussée ; cette boutique est peinte d'un vert passé ou d'un rouge vicieux qui rappelle la couleur des hoquets d'un ivrogne.

La porte cochère conduit dans une cour où se trouvent une écurie et une remise en planches dans lesquelles un charbonnier vient remiser son cheval et sa voiture. — Ce charbonnier est, d'ailleurs, le tenancier du débit de vin. Ce rapace auvergnat empoisonne les locataires avec son vin falsifié et noircit la maison avec la poussière de son charbon.

Aux fenêtres, beaucoup de vitres remplacées par du papier. Ici et là, quelques-unes sont ouvertes, le linge de la famille y sèche (?) et obstrue toute entrée à la lumière du jour.

Si nous pénétrons à l'intérieur, nous montons par un escalier aux murs jadis blancs. Encore, malgré les saletés qui y traînent : débris de légumes, etc., est-ce souvent l'endroit le plus propre de la maison ! Mais, à chaque palier, un évier répand une odeur suave et présente un aspect gluant caractéristique ; à côté, les W.-C. dégagent, en été surtout, des émanations infectes.

Dans les logements : deux pièces — le désordre et le fouillis, une fois sur deux.

Au milieu de la première pièce, un petit poêle de fonte, chauffé au rouge, de manière à laisser osmoser tout un oxyde de carbone, sert à préparer les aliments et à élever la température ; rarement, on a eu la précaution de mettre dessus un bol d'eau. Quelques chaises dépaillées par les marmots, une table ; — aux murs : des colifichets, glace, éventails en papier, images de la page de couverture du *Petit Journal* ou du *Petit Parisien*. Dans un coin, un buffet, quelquefois bien tenu.

La seconde pièce, c'est la chambre à coucher. Elle n'est pas toujours pourvue d'une fenêtre. Assez souvent, cette pièce est propre — excepté quand il y a des enfants, — mais elle est propre, du fait du locataire, et non pas de celui du propriétaire. Heureux, quand ces murs sont blanchis à la chaux ; mais, quand il y a eu du papier collé dessus, ces murs sont dans un état lamentable. Usé, déchiré, le papier pend partout, est noirâtre, décoloré, tacheté. Jamais il n'a été changé, et, quand il l'a été, le résultat est pire encore. En effet, on a collé le second papier par-dessus le premier, sans arracher — d'où niches préparées pour tous les parasites : punaises, etc.

Tel est, dans les trois quarts des cas, *l'habitation actuelle de l'ouvrier des grandes villes.*

Le voilà bien, hélas ! ce taudis parisien, décrit avec un humour qui ne cache rien de la douloureuse réalité !

Tableaux saisissants, tels que des photographies, auxquels toute dame de charité, tout confrère de la Société de Saint-Vincent de Paul reconnaîtra le logement des miséreux qu'ils visitent, comme l'auteur de cet écrit y a retrouvé les mansardes ou les bouges de la Fosse-aux-Lions, de la Fontaine-à-Mulard et de la Butte-aux-Cailles !

Les voilà bien, ces pauvres familles comptant plus de deux ou trois enfants, chassées de partout ou traquées comme des bêtes fauves, contraintes de chercher un refuge dans ces taudis dont personne ne veut, dans des chambres ou des caves humides, mal aérées, infectées de germes morbides qui minent la santé de ceux qui les respirent, condamnées à vivre dans ces odieux repaires à la promiscuité dégradante, faute de pouvoir trouver un abri décent (1) !

Deux types de cités ouvrières.

Le Dr Martial observe, dans l'ouvrage que nous venons de citer, que, dans les cités industrielles, l'aspect est souvent un peu différent; qu'il peut être aussi mauvais, mais aussi bien meilleur. Citons encore :

Parmi les cités ouvrières que j'ai visitées au cours de mes voyages, je retiendrai deux types, pour les opposer l'un à l'autre. Ce sont : les *corons des mines de l'Escarpelle*, à

(1) Nous signalons une autre description, également vivante, du taudis et de ses ravages, extraite des œuvres de M. Georges Picot, qui fut président de la *Société française des habitations à bon marché*. Cette œuvre humanitaire dont nous aurons l'occasion d'entretenir le lecteur a publié, sous le titre : *Le logement ouvrier, ce qu'il est, ce qu'il pourrait être : le mal, le remède*, une description saisissante de l'habitation de l'ouvrier chargé de famille à Paris et de l'influence de l'habitation sur la famille. Voir les quatre premières pages consacrées au mal (Société française des habitations à bon marché, 9, rue Solférino, Paris. — Tract N° 1).

Pont-de-la-Deule (Nord), la *cité ouvrière de l'usine de Terre-Blanche*, à *Hérimoncourt* (Doubs).

J'ai visité ces maisons, comme les précédentes, à fond, parce que le médecin pénètre partout. Les corons des usines de l'Escarpelle sont — comme la plupart des corons — constitués par des alignements de maisons à un étage, comportant deux pièces au rez-de-chaussée et deux à l'étage. Devant chaque alignement, une rue, et au delà de la rue, devant chaque maison, un jardinet.

Je ne dis pas que ces maisons soient hygiéniques, bien qu'elles le soient beaucoup plus que celles des ouvriers parisiens; elles sont toutes semblables, ainsi que la grandeur de leur jardinet.

Eh bien, sur vingt, il y en a une de propre. Nous sommes en pays de mines, il est vrai, tout est noir; mais la condition est égale pour tous.

La cité ouvrière de Terre-Blanche est formée de maisonnettes alignées, mais séparées, comprenant : un sous-sol, un rez-de-chaussée et un grenier — 4 pièces d'habitation : salle à manger, 2 chambres à coucher, cuisine. Le jardinet entoure la maison de toutes parts. Dans toutes ces maisonnettes, dans tous ces jardinets, sur toutes les rues qui les entourent, la propreté est rigoureuse. Les ouvriers qui les habitent en sont presque régulièrement propriétaires ou le deviendront. Tous ces ouvriers appartiennent aux vieilles familles du pays. Des nouveaux venus habitent des « bastilles », sorte de grands châlets en briques ou en planches multiloculaires, mais n'ayant pas plus d'un étage et dont les pièces sont spacieuses et presque toujours bien aérées.

D'ailleurs, ce n'est pas impunément que se produisent les désordres ci-dessus décrits. Tout se paye, et le taudis prend de cruelles revanches, non seulement contre ceux qui l'habitent, mais encore contre la société tout entière.

Nous sommes ainsi amené à examiner les dangers du taudis (1). M. Cheysson les a dénoncés et décrits en

_____

(1) Brochure déjà citée : *Le Taudis*.

termes saisissants. Nous ne saurions mieux faire que de reproduire le réquisitoire dressé par une aussi haute autorité sociale.

Dangers du Taudis.

a) *Santé et moralité des habitants du taudis.* — Et d'abord, sur ses malheureux habitants, le taudis exerce ses ravages, en atteignant leur santé et en les décimant prématurément. Le taux de mortalité s'exagère dans les maisons insalubres, et il sert précisément de critérium dans la plupart des lois — notamment dans la loi anglaise et la loi française — pour l'application des mesures sanitaires qui incombent aux municipalités.

Si l'on dresse à la même échelle deux cartes des vingt arrondissements de Paris et si l'on teinte en couleurs dégradées : l'une, d'après les divers taux de mortalité; l'autre, d'après le prix moyen des loyers, on est frappé de leur coïncidence. La mortalité et la qualité de l'habitation sont dans une dépendance étroite.

Le casier sanitaire de la ville de Paris (1) vient confirmer d'une façon éclatante ces constatations. Les belles études de M. Juillerat ont démontré que, si la mortalité moyenne par tuberculose est de 5 pour 1.000 habitants, elle s'élève, dans 820 maisons, à près du quadruple (19,26).

« Il existe à Paris, dit cet auteur, des foyers tuberculeux

(1) Ce *Casier sanitaire* est une institution hygiénique des plus recommandables, due à la science et à l'énergie d'un homme de cœur, véritablement dévoué au bien public : M. P. Juillerat. Il y a un peu plus de vingt ans qu'il y accumule des renseignements sur les maisons de Paris, qui sont, d'ordinaire, groupées par îlots.

Grâce au casier sanitaire, on sait où porter les efforts, si l'on veut résolument se servir de la loi de 1902. Certains îlots devront être détruits, d'autres devront être assainis.

L'œuvre de M. Juillerat, évidemment destinée à signaler les maisons ou les quartiers susceptibles d'être expropriés ou démolis pour cause de salubrité publique, fournit aux municipalités des indications précises sur les points où des travaux d'assainissement doivent être entrepris.

intenses, qui rayonnent autour d'eux et qui sont constitués par la maison elle-même. La tuberculose revient sans cesse dans ces maisons funèbres et elle y existe à peu près à demeure. On doit chercher dans la maison elle-même la cause ou les causes de la persistance de la maladie. Ces causes ne sont pas extérieures, elles résident dans l'immeuble lui-même (1). »

Il est impossible que l'on se résigne à tolérer plus longtemps l'existence de ces maisons, qui condamnent en quelque sorte leurs habitants à mort et qu'on a pu comparer à de « véritables abattoirs humains ».

Ce n'est pas seulement par une augmentation de la mortalité que le taudis fait sentir sa funeste influence, mais c'est aussi par ses atteintes graves à la moralité de ses habitants. Ses murailles empuantées dégagent, en effet, un double poison : le corps s'y étiole et le cœur s'y dégrade. Repoussé par ce logis inhospitalier, où tout le choque et le blesse, le père le fuit pour aller chercher ailleurs de malsaines et coupables distractions. « Le taudis, a dit énergiquement Jules Simon, est le pourvoyeur du cabaret. »

Semblables à des phalènes, les habitués de ce mauvais lieu y sont attirés par ses lumières aveuglantes, comme aussi par l'espoir mensonger d'y trouver l'oubli de leurs maux; ils y cherchent, en outre, la satisfaction d'un besoin inné de sociabilité; enfin, ils vont y demander à l'alcool une chaleur artificielle, qu'il leur fait, hélas! payer bien cher.

Pendant ce temps, que devient la famille, privée de la direction de son chef et des ressources qu'il absorbe pour assouvir sa passion? Le ménage se disloque et se désagrège. Il ignore toutes ces institutions de mutualité et d'épargne, qui le mettraient à l'abri des crises de la vie; mais comment espérer un effort de prévoyance de la part d'un alcoolique,

(1) Les belles recherches du docteur Bertillon l'ont conduit à des résultats analogues pour Londres. « A Londres, dit-il, la phtisie est deux fois plus fréquente dans les *areas*, où les logements « encombrés » sont nombreux, que dans ceux où ils sont rares. » (*Principales causes de décès à Paris*, 1854-1905.)
Mêmes constatations pour Berlin, New-York.

qui, asservi par une passion tyrannique, a perdu toute maîtrise de lui-même, s'enferme dans le présent, et n'a pas le courage de songer à l'avenir ? La famille est donc à la merci du premier incident qui fondra sur elle, et qui l'entraînera dans une irrémédiable déchéance.

Quant aux enfants, ils sont les plus déplorables victimes du taudis : privés de soins éclairés, atteints de tares héréditaires, ils sont, en général, décimés de bonne heure ; ceux qui survivent, livrés à l'éducation du ruisseau, mènent une vie misérable et sont voués aux pires déchéances, dans l'ordre physique et moral.

Il serait facile d'allonger cet acte d'accusation contre le taudis. Pour l'avoir vu de près, je le dénonce à l'indignation de tous. Il est la source empoisonnée de toutes nos misères, il est un mangeur de vies humaines, il est le péril national !

b) *Santé et sécurité publiques.* — Si lugubre qu'il soit, ce dossier n'est pas encore complet : il faut tourner le feuillet. J'ai maintenant à montrer l'action du taudis, s'élargissant au delà de son cadre et répandant ses ravages sur la cité, puis sur le pays tout entier.

La santé publique, celle des riches comme celle des pauvres, est sous l'influence du taudis. Les germes qu'il dégage s'en vont, chassés par le vent, porter la contagion jusque dans les quartiers les plus brillants et dans les profondeurs des demeures les plus luxueuses. Si nous étions encore sous un régime monarchique, on pourrait dire, de ces germes de mort émanés du taudis, que :

> La garde qui veille aux barrières du Louvre
> N'en défend pas les rois.

Ce n'est pas tout encore. En même temps que la santé publique, la sécurité générale est mise en péril. « Il faudrait, a dit le docteur Dumesnil, un véritable héroïsme pour ne pas contracter, dans les bouges, la haine de la société. »

Cette épidémie de haine sociale n'est pas moins dangereuse que la contagion de la tuberculose ou de la fièvre typhoïde. Ces haines peuvent amener de redoutables explosions. Imprudents ceux qui dorment à côté de ces cratères, d'où peuvent, à chaque moment, jaillir les forces longtemps comprimées, pour venir brusquement semer la ruine et la mort, non seulement dans les malheureuses familles qu'abrite le taudis, mais dans le pays tout entier !

Nous sommes donc liés à ces malheureux par une étroite solidarité de fait, qui ne permet à aucun de nous de se désintéresser de ces douloureux problèmes et de les repousser comme importuns. Que nous le voulions ou non, nous sommes obligés de compter avec eux, soit par un calcul égoïste de préservation personnelle, soit par l'amour de nos semblables et le sentiment élevé du devoir social.

c) *Le rôle de la maison vis-à-vis de la famille.* — C'est ainsi que, par ces différents chemins qui convergent, nous sommes amenés à reconnaître l'importance sociale de l'habitation et à comprendre la place prépondérante qu'elle mérite dans les préoccupations de l'opinion publique et des Parlements.

Cette importance apparaît avec une netteté encore plus lumineuse, si l'on envisage les rapports étroits qui existent entre la famille et la maison.

La famille, c'est la véritable molécule sociale : ce n'est pas d'individus qu'une nation est composée, mais de familles. En soudant bout à bout des chaînons éphémères, la famille forme une chaîne indéfinie qui relie les générations à travers les siècles. Suivant le mot profond de Taine, elle est le seul remède qu'on ait trouvé contre la mort. C'est de la solidité ou de la désagrégation de la famille que dépendent la prospérité ou la décadence générale : tant vaut la famille, tant vaut la nation.

Or, cette famille n'est pas une abstraction. Elle ne peut pas rester en l'air : elle a besoin de prendre pied sur le sol pour y trouver une enveloppe, un abri, un nid. Cette enveloppe, cet abri, ce nid, c'est la maison. Elle est mieux encore qu'un nid pour la famille : elle est son alvéole, sa coquille, et comme le prolongement de sa personnalité. C'est là ce qui donne à la maison un rôle pour ainsi dire humain, puisqu'elle participe à la vie de la famille elle-même.

D'après un vieil adage latin : l'esprit sain habite un corps sain. On peut, de même, affirmer que l'on ne saurait concevoir une famille saine dans une maison malsaine. L'insalubrité de la maison réagit fatalement sur la famille et, par elle, sur la nation tout entière.

Cette question est comme une sorte de carrefour, où se rencontrent, pour se donner la main, toutes les œuvres qui se sont donné la noble mission de lutter contre une des misères sociales. Toutes ont affaire à ce même ennemi ; toutes aussi ont intérêt à concerter leur action, pour lui livrer un suprême et décisif assaut. Elles tenteraient une œuvre vaine, en cherchant à venir à bout des divers fléaux qu'elles ont la spécialité de combattre, si elles ne s'efforçaient d'en tarir ensemble la source commune. Comment épuiser le tonneau des Danaïdes, si le taudis le remplit plus vite encore que ne peut le vider chacune de ces fédérations ?

On a donc pu dire avec raison que « la question de l'habitation était le centre de la question sociale, et que, le jour où cette question serait résolue, un pas décisif et gigantesque aurait été fait vers la solution elle-même (1) ».

Sans doute — et nous sommes heureux de le reconnaître à l'honneur de notre époque — depuis trois quarts de siècle et plus particulièrement encore, en ces dernières années, de grands efforts, souvent couronnés de succès, ont été faits, de bien des côtés, pour remédier au terrible fléau dont nous venons d'esquisser les causes et les ravages.

C'est à l'examen de ces remèdes que nous allons consacrer la seconde partie de la présente étude.

II

Principal remède : les habitations ouvrières.

Programme d'action : Éléments de concours.

La nature même du mal trace le programme d'action à accomplir : puisque le mal provient du taudis, de l'in-

---

(1) M. Bourcart. Rapport au Congrès de l'Alliance d'hygiène sociale à Nancy, 23 juin 1906.

salubrité de la maison, il faut, à tout prix, procurer à l'ouvrier une maison saine et salubre.

Entendons-nous. La formule « à tout prix », quelque peu oratoire, demande à être rectifiée comme suit : il faut procurer à l'ouvrier un logement revenant à un intérêt modéré, assez bas pour éloigner l'idée de spéculation pure des capitalistes apporteurs de fonds, mais toutefois suffisant pour attirer les capitalistes et retirer à l'opération le caractère d'aumône, qui en limiterait beaucoup la vitalité, tout en blessant la dignité des familles locataires.

Les sociétés d'habitations à bon marché (1), qui ont répondu à l'appel du législateur, l'ont fait assurément dans un but, non de lucre, mais d'humanité. Elles procurent un placement de tout repos aux capitalistes qui leur procurent les ressources dont elles ont besoin et qui compensent cette moins-value de sécurité par le sentiment qu'ils s'associent à une œuvre de bien social. Il est d'expérience que les capitaux qui ont servi à construire ces habitations doivent rapporter un intérêt de 3 % ; à ce taux seulement, les œuvres de ce genre peuvent vivre et prospérer.

Les sociétés d'habitations ouvrières, qui apportent le principal remède au fléau du taudis, seront évidemment ici notre principal facteur.

Auparavant toutefois, il paraît utile de passer en revue les divers concours que réclame cette grande croisade en faveur de l'habitation populaire. Nous allons procéder à cette revue, en nous aidant des lumières de l'homme éminent que nous avons pris pour guide, M. Cheysson, qui fut un ami dont nous nous honorons :

---

(1) La *Société française des habitations à bon marché* a publié une liste, par sociétés d'habitation à bon marché, par fondations et par arrondissements, des constructions de maisons à logements. Elle en relève 67 dans Paris, et 13 dans la banlieue.

La tâche étant immense, nous aurons à faire appel à toutes les forces vives du pays, sans en négliger aucune. Nous tenant à l'écart de ces intransigeances opposées, qui professent le « tout à l'État » ou le « rien à l'État », nous chercherons à combiner harmonieusement, chacune dans sa sphère, l'action publique et l'action privée. Ce sont deux puissants facteurs qu'il faut concerter, bien loin de les opposer l'un à l'autre : si l'action publique a pour elle l'autorité, les ressources, l'ubiquité, l'action privée bénéficie d'une souplesse, d'une élasticité et d'une chaleur, qui lui permettent d'adapter les solutions aux exigences de chaque cas particulier.

L'État. — Quel rôle assignerons-nous à l'État dans la campagne pour le logement sain ?

Nous lui demanderons, d'abord, de faire des enquêtes destinées à établir l'inventaire de la situation actuelle. Elles jouent le rôle de l'auscultation qui précède le traitement. Il faut connaître le mal pour en découvrir le remède et, quant au mal social en particulier, il ne persiste le plus souvent que grâce à notre ignorance. Dès qu'on a pu le voir tel qu'il est et le mesurer dans ses lugubres réalités, il provoque comme une sommation de la conscience publique qui en exige impérativement le remède. C'est ainsi que l'Angleterre, la Belgique, ont procédé à leurs grandes réformes sociales. Pour un peuple, l'enquête exacte et courageuse, qui voit tout et dit tout, est un de ces examens de conscience qui préparent les résolutions généreuses.

L'État ne nous doit pas seulement les enquêtes de ce genre. Nous lui demanderons, en outre, d'organiser ces transports puissants et économiques, qui permettent de décongestionner les capitales et à leurs ouvriers d'aller, leur journée de travail finie, retrouver un logis hygiénique dans la banlieue, là où la terre, l'air et la lumière sont à meilleur compte que dans la cité.

Toute une autre série de mesures excellentes, qui dépendent encore de l'État, doivent encourager le mouvement des habitations à bon marché par des immunités fiscales, des facilités de crédit (1). Telle est précisément l'œuvre de la loi du 30 novembre 1894, que notre reconnaissance a justement appelée « loi Siegfried » et qui vient d'être heureusement amendée par la loi du 12 avril 1906, due en partie à l'initiative de M. le sénateur Strauss.

Nous n'en avons pas encore fini avec nos exigences envers l'État. Il a des devoirs impérieux de police à remplir envers l'habitation : il ne peut pas plus laisser mettre en location des maisons contaminées que débiter par des marchands des aliments frelatés et dangereux. Il est armé par la loi sanitaire du 15 février 1902, à laquelle il ne manque, pour être excellente, que d'être résolument appliquée...

Enfin, nous attendons de l'État cette réforme de l'expropriation qui permettra de conjurer les scandaleux abus provenant du jeu de la loi actuelle. Nous demandons qu'à l'exemple de l'Angleterre, le propriétaire exproprié ne puisse asseoir un bénéfice sur l'insalubrité de sa maison, mais qu'on déduise de la valeur de cet immeuble le montant des dépenses qu'il faudrait faire pour le mettre en règle avec la loi sanitaire. On doit, en un mot, concilier ces deux principes fondamentaux des sociétés humaines, la santé publique et la propriété, en combinant ces deux lois qui semblent s'ignorer aujourd'hui : la loi sanitaire et la loi d'expropriation. A cette condition seulement, on pourra donner aux opérations de voirie l'ampleur qu'elles réclament, et devant laquelle hésitent aujourd'hui les municipalités, justement alarmées par les exagérations du jury.

Des vœux ont été émis dans ce sens par le *Conseil supérieur des habitations à bon marché* et par le *Congrès international de la tuberculose.*

Le patron. — Après l'action publique, l'action privée.

Je commence par invoquer le concours des patrons. J'ai constaté tout à l'heure l'étroite solidarité qui nous unissait

(1) Pour maintenir l'enchaînement logique de la présente argumentation, nous renvoyons ce qui concerne les immunités fiscales, les facilités de crédit, au paragraphe que nous consacrons plus loin à la législation des habitations à bon marché.

tous sur cette question de l'habitation et qui ne permettait à aucun de nous de s'en désintéresser. Mais cette conclusion est surtout vraie pour le patron. Comment pourrait-il espérer la collaboration dévouée de cet ouvrier, soumis à la torture d'un logement infect et qui, rentrant au logis, y puise des sentiments de haine contre la société en général et contre l'usine en particulier ? Cette haine, dont le taudis est la source, il la répandra autour de lui et, dès qu'il en trouvera l'occasion, il la manifestera par le « sabotage » ou par la grève. Or, il faut que le patron vive en paix avec son personnel, sous peine d'être brisé par les tiraillements intérieurs ou par le choc de la concurrence étrangère.

Le meilleur moyen de pacifier les ouvriers, c'est de leur assurer le bienfait d'un logement salubre et confortable. Aussi, n'est-il pas de question qui mérite, à un plus haut degré, les préoccupations des industriels : il y va pour eux non seulement des bons rapports avec leur personnel, mais encore de la prospérité de leurs affaires. Ils sont donc obligés de résoudre ce problème, non moins par leur intérêt bien entendu que par leur devoir social.

Il serait trop long d'exposer les divers procédés que peut employer le patron en vue de ce résultat, et je me borne à les indiquer d'un mot. Il peut, à l'état individuel, construire des maisons pour ses ouvriers ou leur faire des avances hypothécaires, afin qu'ils les construisent eux-mêmes, d'après les plans faits en quelque sorte sur mesure et à leur taille. Il peut, au contraire, se grouper avec d'autres patrons pour édifier des cités ouvrières mises à la disposition des travailleurs avec ou sans promesse de vente. Enfin, il peut s'effacer derrière une société coopérative à laquelle il laissera la responsabilité de l'action, tout en l'aidant de ses conseils et de ses capitaux (1).

Chacun de ces systèmes a ses avantages et ses inconvénients. C'est à chaque patron à faire choix de celui qui lui semblera le mieux approprié à la mentalité de ses ouvriers,

---

(1) *L'intervention patronale en matière de logements ouvriers*, par M. Cheysson (*Bulletin de la Société française des Habitations à bon marché*, 1907).

à ses rapports avec eux et aux convenances du milieu, en s'inspirant de l'exemple de ces grands patrons modèles d'Alsace, qui proclamaient, avec l'illustre Jean Dollfus, que « l'on doit à l'ouvrier plus que le salaire ».

L'ouvrier. — J'arrive maintenant au rôle des ouvriers. Ce rôle ne peut pas ne pas être considérable dans une question qui met en jeu leur intérêt direct et celui de leur famille. Il est surprenant qu'ils se passionnent avec tant d'ardeur pour des problèmes plus lointains, pendant qu'ils semblent ignorer celui qui touche de si près aux profondeurs de leur bonheur domestique.

Leurs camarades anglo-saxons se sont montrés plus avisés sur ce point. On est à la fois stupéfait et émerveillé des prodiges qu'ils ont accomplis dans cette direction par leurs simples efforts, sans rien demander ni à l'État, ni aux patrons. C'est par milliers de maisons et par centaines de millions que se mesure l'œuvre vraiment gigantesque des *Buildings Societies* anglaises et américaines (1) : grand exemple à méditer par nos ouvriers français.

Je suis heureux de constater qu'un courant très manifeste commence à s'accentuer chez nous dans ce sens, c'est-à-dire en faveur de la forme coopérative dans les sociétés d'habitations à bon marché. Les patrons y trouvent l'avantage de s'épargner des interventions directes qui, malgré les meilleures conditions, peuvent courir le risque de ressembler à des ingérences indiscrètes dans la vie privée de leur

(1) Beaucoup de nos lecteurs connaissent de réputation ces Mill's hôtels bâtis à New-York par un milliardaire mi-philanthrope, mi-spéculateur, où l'on peut coucher pour vingt sous, ce qui est moins que dix sous en Europe. Leurs dix étages, desservis par un continuel mouvement d'ascenseurs, contiennent plus de 1.500 chambres longues de sept pieds sur six et s'alignent le long de couloirs de pierre et de fer ; entre leurs murs blanchis à la chaux, il n'y a place que pour un lit, une chaise et une petite armoire grillée, de cinquante centimètres. Dans le sous-sol se trouvent des cabines de douche avec appareils automatiques à la disposition gratuite des clients, des cuves de pierre munies de robinets d'eau chaude et d'eau froide, servant au lavage personnel du linge, et un vestiaire où chaque locataire peut enfermer ses affaires les plus encombrantes dans une boîte fermant à clef.

personnel. Quant aux ouvriers, au lieu de se résigner à un rôle purement passif dans une matière qui concerne leurs plus chers intérêts, ils apprennent, par la coopération, à faire leurs affaires eux-mêmes, à mesurer les responsabilités d'une gestion administrative et commerciale et à se familiariser avec les habitudes viriles de l'initiative personnelle et de la liberté... (1)

A la suite de ces trois grands facteurs, l'*État*, le *patron*, l'*ouvrier*, il est encore d'autres personnes, d'autres institutions au concours desquelles il y aura lieu de faire appel :

L'*architecte* qui, en étudiant les mœurs des ouvriers et en s'identifiant avec eux, se rendra compte des exigences de leur vie domestique et contribuera à leur bien-être par un aménagement rationnel de leur foyer ; le *médecin* et l'*hygiéniste*, qui traceront les règles à suivre pour l'établissement, l'exploitation et la bonne tenue des logements ouvriers, en vue de préserver spécialement contre toute atteinte la vie des petits enfants, cette graine si rare et si précieuse ;

Les caisses d'épargne, les bureaux d'assistance et de bienfaisance, pour obtenir leur concours moral et financier, dans la limite que leur permet la loi du 12 avril 1906. — Les caisses d'épargne peuvent construire, avec la totalité des revenus de leur fortune personnelle et avec la moitié du capital de cette fortune. — Les bureaux d'assistance et de bienfaisance, les hôpitaux et les hospices le peuvent, avec les deux cinquièmes de leur patrimoine. Le patronage moral et le concours financier des bureaux de bienfaisance imprimeront un grand essor au mouvement des habitations à bon marché et donneront à leurs secours un caractère de moralisation et de relèvement qui en accroîtra, dans une large mesure, l'efficacité ;

(1) Voy. Em. CHEYSSON : la brochure déjà citée, *le Taudis*.

Les compagnies d'assurances, et notamment les compagnies d'assurances sur la vie. Jusqu'ici, les immeubles qui ont servi de placement à ces compagnies pour les réserves appartiennent exclusivement à la catégorie des maisons de luxe. Nos compagnies françaises auraient tout intérêt à s'inspirer de l'exemple des autres pays, notamment de la Belgique, qui ont trouvé dans les habitations populaires un placement aussi sûr qu'avantageux (1). En même temps qu'elles assureraient ainsi un bon emploi à leurs capitaux, elles feraient — comme on l'a vu ailleurs à la suite de ces opérations — pénétrer l'assurance sur la vie dans ces couches profondes où elle est, pour ainsi dire, inconnue aujourd'hui, et qui ménagent aux compagnies, assez avisées pour les exploiter, des débouchés abondants et fructueux.

La mutualité, qui, s'étant donné, en dernière analyse, la noble ambition d'abriter la famille et ses membres contre les crises de la vie, ne peut rester indifférente aux efforts ayant pour but d'améliorer le logement, c'est-à-dire de tarir la source principale de ces crises. En se décidant à y participer efficacement, en contribuant à introduire dans les foyers mutualistes l'hygiène et les bonnes habitudes ménagères, elle pratiquerait, en définitive, une opération aussi excellente pour la collectivité en général que pour chacun de ses membres en particulier.

Renonçant, ici, à analyser mon auteur, je le cite textuellement :

La mutualité n'a pas le droit de se désintéresser de la grave question du logement populaire : elle doit s'en occuper activement comme d'un des problèmes sociaux qu'elle a le plus pressant besoin de résoudre.

---

(1) Voir l'*Assurance mixte et les maisons ouvrières* (Masson, 1893); l'*Assurance sur la vie et les habitations à bon marché* (Chaix, 1896).

Les sociétés qui s'engageront dans cette voie tireront de leurs capitaux, outre un revenu en espèces, un dividende supplémentaire sous forme de santé, de dignité et de bonheur pour leurs membres, si bien qu'au total leur opération finira par constituer un placement très fructueux par l'addition des deux revenus, l'un financier et l'autre social.

J'ajoute que l'acquisition de la maison par le père de famille est l'une des solutions les plus élégantes et les plus efficaces du problème qui hante actuellement la mutualité : je veux parler de celui des retraites.

A partir du moment où la maison est entièrement libérée entre les mains de son locataire, elle représente, en effet, pour lui, une véritable pension de retraite, d'un montant égal à celui du loyer dont il est désormais affranchi.

De plus, cette retraite a, sur la retraite ordinaire telle que la pratiquent en général les mutualistes, la supériorité familiale et sociale de n'être pas viagère et de ne pas s'éteindre avec son titulaire, mais de se transmettre à ses héritiers sous forme de patrimoine, ce qui résout du même coup le problème de l'habitation saine et riante, avec son charme et son influence bénie, et celui de la double assurance contre la vieillesse et la mort, avec sa sécurité.

Le moment est venu, pour la mutualité, d'élargir ses horizons, de faire tout le bien en sa puissance et, en apportant son concours moral et financier à l'œuvre capitale de l'habitation à bon marché, de prouver, par un nouveau bienfait, son admirable souplesse. Elle accroîtrait ainsi sa popularité et donnerait la mesure de ce que le pays est en droit d'attendre d'elle pour la solution des grands problèmes sociaux qui s'imposent à notre démocratie.

Les syndicats ouvriers et les associations coopératives de consommation. — La loi de 1884, qui régit les syndicats, leur permet de fonder des sociétés de secours mutuels. Leurs attributions ayant été élargies depuis, le moment est venu de les orienter vers la conquête de leur habitation : ce sera le plus fructueux emploi de leur activité. — Quant aux sociétés coopératives de consommation, l'exemple de l'Angleterre prouve le parti que l'on en peut tirer pour développer les constructions de maisons salubres à l'usage des ouvriers. Un des placements les plus usuels des réserves accumulées par les coopératives anglaises consiste dans la création de ces *Buildings Societies*, dont M. Cheysson vantait les prodiges (voir p. 35) et dont les maisons sont occupées par les coopérateurs eux-mêmes : en 1891, le nombre de ces « filiales » des sociétés de consommation dépassait plusieurs centaines, et leur capital approchait de cent millions. Notre auteur préconise, comme autre mode efficace d'intervention de ces sociétés (1), l'application de leurs bonis au paiement des annuités qui doivent libérer les maisons louées avec promesse de vente par leurs membres. Ce système permet de développer la prévoyance, sans imposer à ceux qui en recueillent le bénéfice, ni de coûteux sacrifices, ni de pénibles efforts.

Il conclut excellemment : « Si l'on pouvait, pour leur plus grand avantage respectif, combiner les puissants mouvements de la Mutualité, du Syndicat et de la Coopération, avec celui des Habitations à bon marché, on imprimerait à ce dernier l'ampleur qu'il réclame pour s'élever au niveau des besoins à satisfaire et des résultats obtenus dans les autres pays. »

La femme.

Ici, nous laissons la parole au maître qui, dans son pressant appel aux femmes, leur confie, avec tout son esprit et tout son cœur, « cette cause qui est véritablement la leur » :

Leur pouvoir est grand, et, par conséquent, grand est leur

(1) Voir, entre autres publications, *La Coopération et la mutualité*, par E. Cheysson, 1899.

devoir. Elles sont les gardiennes du foyer ; il constitue leur domaine et leur royaume ; mais, s'il est insalubre, il devient leur prison et leur tombe. L'homme reste presque toute la journée dehors et ne rentre guère chez lui que pour prendre ses repas et dormir. La femme, au contraire, y séjourne tout le temps. Si le logis est malsain et obscur, elle en souffre, non pas seulement dans son pauvre corps qui s'émacie, dans sa vue qui s'épuise, mais surtout dans ses enfants, dont elle voit le teint se plomber et les yeux se cerner sous l'influence de cette atmosphère irrespirable.

Les femmes, que leur situation sociale met à l'abri des horreurs du taudis, doivent travailler à conquérir pour leurs sœurs du peuple un logement salubre. Il y va non pas seulement de leur bonheur domestique, de la santé physique et morale de leurs enfants et de leurs maris, mais encore, — je l'ai montré plus haut — de notre santé et de notre sécurité à tous. Il faut qu'aidées par tous les concours que nous avons passés en revue, ces pauvres femmes parviennent à se garder, elles et leurs familles, et à nous garder nous-mêmes, des redoutables contagions qui se dégagent du taudis, et à ramener dans leur ménage le bien-être et la paix par le charme d'un foyer que nous leur livrerons assaini et dont elles sauront assurer la bonne tenue.

Revenons à l'œuvre capitale des habitations à bon marché, le principal instrument de salut.

Faisant un retour sur le passé, nous commencerons par reproduire le chapitre, instructif et si complet, de l'étude de M. J. Siegfried (1), intitulé :

L'habitation ouvrière en France au siècle dernier.

Au commencement du dix-neuvième siècle, le logement ouvrier était dans une situation déplorable, qui a été décrite par Blanqui au cours de l'enquête qu'il fut chargé de faire en 1835, à Lille, où les ouvriers fileurs et tisseurs de ce grand

(1) Jules SIEGFRIED : *Les habitations à bon marché* (Alcan, 1914).

centre industriel étaient entassés, souvent dans des caves, sur un sol humide et froid, manquant d'air et de lumière. Grâce à lui, et plus tard à Jules Simon, l'attention publique commença à s'intéresser à cette question, mais on peut dire que la première tentative sérieuse d'application pratique a été faite en Alsace, à *Mulhouse*, ce grand centre industriel, foyer de progrès matériel, moral et social.

Dès 1835, M. André Koechlin, maire de cette ville, faisait construire de petites maisons séparées avec jardin, qu'il louait à bas prix à ses ouvriers.

En 1851, sur l'initiative de Jean Dollfus, ce grand patriote alsacien qui fut en même temps un grand philanthrope, la Société des cités ouvrières de Mulhouse fut fondée, avec l'appui de la Société industrielle. Son but était de construire, pour les ouvriers, de petites maisons saines et agréables, contenant, chacune, le logement nécessaire à un ménage, — quatre pièces et un jardin, — et de faciliter aux locataires de ces habitations le moyen d'en devenir propriétaires en payant, en outre du loyer, une annuité fixe de rachat.

Grâce à ce système, la Société des cités ouvrières de Mulhouse a pu, avec son capital initial de 350.000 francs, construire, en cinquante ans, environ 1.200 maisons et dépenser près de 3 millions, tout en servant à ses actionnaires un intérêt régulier de 4 p. 100.

Au Havre, en 1871, avec un capital initial de 200.000 francs, la Société havraise des cités ouvrières, grâce au dévouement de M. F. Mallet, administrateur délégué, a construit, en trente ans, 117 maisonnettes à un étage, avec cour et jardin, contenant quatre pièces et ayant coûté, terrain compris, les premières, 3.200 francs, et les dernières, un peu plus grandes, 4.500 francs.

A Lyon, un autre système a été employé : la cherté du terrain rendant difficile, sinon impossible, la construction de petites maisons séparées, MM. Aynard, Mangini et Gillet résolurent de faire bâtir des immeubles plus considérables, mais dans des conditions particulières de salubrité et de bon marché.

Ils fondèrent, en 1886, la Société des logements économiques de Lyon, à laquelle la caisse d'épargne de la ville apporta son concours en prenant, avec son fonds de réserve, une partie des actions. Cette société a construit des maisons à quatre étages, en mâchefer, contenant en général, par étage, quatre logements de deux ou trois pièces, avec cuisine, évier et water-closet. Ces maisons, solidement édifiées, sont revenues environ à 400 francs par mètre superficiel; terrain compris, soit 80 francs par mètre carré. Ce prix étant bien inférieur à celui des loyers ordinaires, les demandes ont été tellement nombreuses que les fondateurs, encouragés par le succès, ont porté successivement le capital de 200.000 francs à 5 millions, et ne cessent de l'augmenter pour faire de nouvelles constructions.

La société possède aujourd'hui 120 maisons, situées dans tous les quartiers de la ville, et renfermant 1.437 logements; la population logée est d'environ 7.350 habitants. Les loyers sont, en moyenne, de 220 francs par an, soit à peu près 75 francs par pièce, et, malgré ces bas prix, la société a pu payer régulièrement à ses actionnaires un intérêt de 4 p. 100, que les statuts ne permettent pas de dépasser, et capitaliser un fonds de réserve de 500.000 francs.

A Paris, les deux systèmes ont été suivis, celui des grandes et celui des petites maisons. Mais le problème était beaucoup plus difficile, en raison de l'excessive cherté des terrains.

La Société philanthropique (1) expérimenta sur une large échelle le système des grandes maisons; sur la proposition de M. Georges Picot, l'éminent philanthrope, dont le livre *Un devoir social* fit tant de bruit, elle résolut de consacrer à la construction de maisons ouvrières le don de 600.000 francs que lui avait fait M. Heine, ainsi que les dons successifs de MM. Gouin et Stern et de Mmes Marjolin et Marie Souvestre.

Avec ces sommes ont été construites de grandes maisons collectives et des maisons pour dames et jeunes filles.

Les premières ont sept étages, mais les plans ont été habilement combinés par M. Chabrol, architecte, de manière à éviter les couloirs, à donner de l'air et de la clarté dans les

_____

(1) Société philanthropique de Paris, rue de Bellechasse, 15.

escaliers et les logements, qui comprennent, chacun, deux ou trois pièces avec cuisine et water-closet.

Ces maisons ont coûté environ 700 francs par mètre carré, sans compter le terrain, dont le prix varie de 50 à 100 francs le mètre. Le loyer est calculé à raison de 9 francs par mètre carré, soit environ 100 francs par pièce, ce qui permet d'obtenir un revenu brut de 5 p. 100 et net de 2 à 2 1/2 p. 100.

Quant au système des petites maisons séparées dont les occupants peuvent devenir propriétaires, il a été expérimenté à Paris, par la Société des habitations ouvrières de Passy-Auteuil, fondée, en 1882, par MM. Emile Cheysson, Dietz-Monin, Emile Cacheux, etc. Cette société a construit une soixantaine de maisons de trois ou quatre pièces, avec petit jardin, qui coûtent, de 6 à 9.000 francs, y compris le terrain, acheté de 15 à 25 francs le mètre carré, et qui vaut aujourd'hui le triple. Fondée dans un but philanthropique, elle a voulu donner à ses constructions les avantages hygiéniques les plus perfectionnés, notamment le tout-à-l'égout avec siphons, qui coûte malheureusement trop cher encore ; en même temps, elle s'est efforcée de maintenir ses loyers à un taux aussi bas que possible. Aussi, n'a-t-elle pu donner, jusqu'ici, que 2 à 3 p. 100 à ses actionnaires.

Les essais que nous venons d'analyser ont été entrepris par des sociétés fondées sous la forme anonyme. Dans certaines localités, des patrons ont également fait d'intéressantes tentatives pour améliorer le logement de leurs ouvriers. Enfin, à Marseille, à Saint-Denis et dans la banlieue de Paris, des résultats particulièrement dignes d'intérêt ont été obtenus par des sociétés coopératives ; parmi celles-ci, il convient de mentionner la société « le Coin du feu » de Saint-Denis, fondée par M. Charles Leven, et qui distribue régulièrement 4 p. 100 d'intérêt.

Mais l'Exposition d'économie sociale de 1889 a été, en France, une occasion de vulgarisation de la question de l'habitation à bon marché, particulièrement importante. On y avait exposé non seulement des plans de tous les pays du monde, mais encore plusieurs maisonnettes, grandeur naturelle, qui eurent le plus grand succès.

Cette exposition a été suivie d'un Congrès international qui avait attiré les hommes les plus compétents, tels que MM. Georges Picot, Émile Cheysson, Charles Robert, et qui donna lieu à la fondation de la Société française des habitations à bon marché (1) dont j'ai eu l'honneur d'être nommé président.

Les statuts de cette société stipulaient qu'elle avait pour but d'encourager, dans toute la France, la construction par les particuliers, les industriels ou les sociétés locales, de maisons salubres et à bon marché ou l'amélioration des logements existants.

Ses moyens d'action consistaient à mettre à la disposition des particuliers ou sociétés les plans ou modèles de statuts et baux reconnus les meilleurs, ainsi que tous documents et renseignements nécessaires. Elle organisa des conférences, publia un bulletin et s'efforça, par tous les moyens possibles, d'encourager la fondation de sociétés locales de constructions ouvrières.

La société française pensa qu'à l'exemple de la Belgique et de l'Angleterre, il y aurait avantage à avoir, en France, une législation plus favorable sur la matière.

Elle élabora, à cet effet, une proposition de loi, rédigée par son secrétaire général, M. Fleury-Ravarin, que j'ai déposée sur le bureau de la Chambre avec un grand nombre de députés, et qui est devenue la loi du 30 novembre 1894.

Cette loi s'appliquait à toute personne voulant construire une maison pour son usage personnel, ainsi qu'aux particuliers et aux sociétés qui désiraient construire des maisons à bon marché pour les louer ou les vendre. Dans ces deux cas, les locataires ou les acheteurs ne devaient être propriétaires d'aucune maison.

La valeur locative des maisons ne devait pas dépasser des chiffres relativement bas, et les statuts des sociétés devaient stipuler que leurs dividendes ne pourraient pas être supérieurs au taux de 4 p. 100.

Moyennant ces conditions, les maisons étaient exonérées

(1) Société française des habitations à bon marché, rue Solférino, 9, Paris.

des contributions foncière et des portes et fenêtres pendant cinq ans, et quelques autres avantages fiscaux leur étaient accordés.

Des facilités d'assurances temporaires et de transmission des propriétés en vue d'éviter la licitation judiciaire étaient données, mais le plus grand avantage de la loi consistait à faciliter l'obtention de prêts.

En effet, les bureaux de bienfaisance, les hospices et hôpitaux, les Caisses d'épargne, enfin la Caisse des dépôts et consignations étaient autorisés à employer une fraction de leur patrimoine ou de leurs fonds de réserve, en obligations de sociétés d'habitations à bon marché, ce qui a été fait aux taux de 3 et 3 1/4 p. 100.

Ce sont là les principaux avantages de la loi du 30 novembre 1894, qui, reconnue insuffisante, a été modifiée ultérieurement par la loi du 12 avril 1906, due à l'initiative de M. Strauss, sénateur.

A la fin du siècle dernier, un effort important avait donc été fait en faveur de l'amélioration du logement. 65 sociétés anonymes ou coopératives avaient été créées par l'initiative privée; mais, en présence de besoins de plus en plus urgents, l'opinion publique reconnut la nécessité d'une action plus importante encore.

Remèdes au Taudis.

Depuis trois quarts de siècle, les économistes, les philanthropes et les moralistes se sont préoccupés de remédier aux misères signalées aux pouvoirs publics et à l'initiative privée par les écrivains qui ont procédé à des enquêtes sur la situation des classes laborieuses : Villermé (1840), Adolphe Blanqui (1848), Jules Simon (1853), Georges Picot (1885) : ces deux derniers, premier et troisième présidents de la *Société française des habitations à bon marché*, à laquelle ils prodiguèrent, comme M. Jules Siegfried, son second président, leurs précieux conseils et leur infatigable dévouement.

De leur côté, nos hygiénistes les plus distingués, les Émile Trélat, Dumesnil, Brouardel, Letulle, Juillerat, Rey, et tant d'autres ont demandé que l'on mit à la disposition de l'ouvrier « les facteurs naturels de la santé et de la vie », c'est-à-dire l'air, l'eau et le soleil. Arrière, la « caserne », d'odieuse mémoire ! Au lieu de la courette puante où l'air est stagnant, il faut des cours ouvertes, balayées par de larges courants d'air. Guerre aux couloirs sombres ! L'escalier doit être une sorte de rue verticale, puissamment éclairée et aérée. L'ouvrier, la famille ouvrière doivent avoir l'illusion d'occuper une maison isolée, grâce à la suppression des couloirs sombres et au petit nombre de portes ouvrant sur chaque palier. Toujours, plus de lumière ! Il faut aussi beaucoup d'eau : sans eau, pas de propreté, pas de salubrité, pas de moralité. Un des meilleurs moyens de combattre l'alcoolisme et la tuberculose, c'est d'introduire l'eau à profusion dans le logement populaire. Comme l'a noblement écrit M. Cheysson (1) :

Nos exigences ne s'arrêtent même pas au confortable et à la salubrité, et elles vont jusqu'à demander, pour nos clients populaires, certaines jouissances d'art, qui embellissent et leur logement et leur mobilier. Eux aussi, dans une mesure à déterminer, ont droit à cette part d'idéal, qui est restée jusqu'ici le privilège des classes aisées.

Les remèdes ! Rappelés avec concision, par de multiples citations empruntées à M. Cheysson dans le tract n° 1 : *2ᵉ partie, le remède : La famille, la maison, la maison saine, l'assurance* (2), ils sont exposés et décrits d'une façon lumineuse par M. Louis Rivière, dans le

(1) Voir *le Taudis* déjà cité, et *le Confortable du logement populaire*, par E. Cheysson (Premier Congrès de l'assainissement de l'habitation. Paris, 1905).

(2) Déjà cité, édité par la *Société française des habitations à bon marché*.

récent manuel (1) que vient d'éditer la *Société de Saint-Vincent de Paul,* en se plaçant en face du type de famille qu'elle visite le plus fréquemment, celle de l'ouvrier à faible salaire et chargé d'enfants qui éprouve une grande difficulté à équilibrer son maigre budget, à se procurer le logement qui lui est une lourde charge, en établissant, enfin, un cours d'hygiène familiale que devront professer incessamment les visiteurs des pauvres pour combattre le taudis, source de misères et propagateur de maladies. Après Cheysson, nous ne pouvions trouver de guide plus sûr, plus méthodique, plus éclairé que l'ancien président de la *Société d'Économie sociale,* que le confrère du *Conseil général de Saint-Vincent de Paul* qui a nom M. Rivière.

Dans l'impossibilité de servir au lecteur tous ces excellents et judicieux matériaux, le principal embarras consiste à en faire une sélection raisonnée. On nous pardonnera ce douloureux choix, et l'on aura toujours la ressource de recourir à l'auteur, que nous nous excusons de mutiler et qu'il nous répugnerait, pourtant, de dénaturer.

A. Constructions de maisons neuves. — De nombreuses sociétés, dont le législateur a favorisé la diffusion, se sont constituées en vue de construire des maisons ouvrières. Ces sociétés poursuivent un double but : tantôt elles favorisent au travailleur l'acquisition d'un immeuble, de la maisonnette isolée, tantôt elles lui offrent un logement hygiénique et économique dans un immeuble collectif construit et administré par elles.

(1) *Manuel pratique des lois sociales et ouvrières* (ch. II), *Logement et hygiène de la famille* (Beauchesne, 1918, in-12, 4 fr. 20). — Nous déclarons avec une reconnaissance émue que ce traité, d'une documentation sagace et impeccable, rédigé par d'éminents spécialistes, constitue l'un des plus précieux services que notre chère *Société de Saint-Vincent de Paul* ait rendus aux hommes d'étude et d'œuvres.

1° *Acquisition de l'habitation.* — L'accession à la propriété est assurément un idéal, parce qu'elle favorise la constitution de la famille dans un centre permanent, en lui donnant la cohésion autour du foyer, qui est l'élément essentiel de sa durée. Cet idéal n'est malheureusement pas à la portée de tous les travailleurs. Pour assumer les charges qu'entraîne l'amortissement d'une habitation, il faut que l'ouvrier soit assuré de la permanence de son engagement, qu'il ne soit pas exposé à changer d'usine, ou au moins de localité, pendant une longue série d'années, vingt ou vingt-cinq ans. Qui peut se permettre une telle perspective, à notre époque de brusques cessations de travail, de crises économiques, de grèves et de lock-outs? Une faible minorité sans doute.

En outre, ces acquisitions ne sont à la portée que des ouvriers qui habitent les villes d'importance secondaire ou la banlieue des grandes villes. A Paris, notamment, les terrains sont trop chers pour permettre une large diffusion de pavillons individuels. Ils le deviendront de plus en plus, et les essais intéressants récemment tentés ne paraissent pas devoir être suivis par de nombreux imitateurs (1).

2° *Logement dans un immeuble collectif.* — Pour le grand nombre, force sera donc de recourir au loyer d'un appartement dans une maison collective appartenant soit à un particulier, soit à une société d'habitations à bon marché.

Nous conseillons vivement aux ouvriers de faire tous leurs efforts pour se procurer un logement dans cette dernière catégorie d'immeubles. Leur nombre s'est considérablement accru à Paris depuis dix ans et d'autres se construisent incessamment. Ce sont de vastes constructions, très bien bâties, dans des conditions exceptionnelles de salubrité et de commodité. La preuve des avantages qu'elles présentent, c'est

(1) La société *l'Habitation familiale* a construit récemment un groupe de quarante pavillons, rue David (XIIIᵉ arrondᵗ). — La société du Métropolitain a contribué à faciliter la construction de deux groupes de même genre, destinés à ses ouvriers, dans les XIIᵉ et XIIIᵉ arrondissements. — Citons encore les villas construites par la société coopérative *la Petite Chaumière* dans le XIIIᵉ arrondissement.

que les mutations y sont des plus rares. Nous ne saurions trop engager ceux qui désirent entrer dans une maison de ce genre à se faire inscrire, dès que la construction d'un immeuble nouveau est entreprise. Le nombre des demandes atteint parfois cinq et sept fois celui des appartements, et, ne pouvant contenter tout le monde, la direction désigne, en général, les locations suivant l'ordre des inscriptions.

C'est le lieu de signaler, à la suite de ces sages conseils, une annexe au *Manuel* (pp. 81-86), des plus utiles à consulter, présentant la liste des maisons à logements, construites depuis 1894, à Paris et dans sa banlieue, par les Sociétés d'habitations à bon marché, les Fondations et Administrations municipales.

3° Amélioration des logements existants. — Certes, la solution des maisons neuves est radicale et excellente ; mais elle a l'inconvénient d'exiger des capitaux énormes. On estime, en France, nos maisons à 60 milliards. Elles représentent l'œuvre accumulée de nombreuses générations. On ne peut songer à les démolir toutes et à les refaire à nouveau : ce serait une entreprise insensée, au point de vue esthétique et financier. D'autre part, jusqu'à ce que ces maisons existantes soient mortes de leur mort naturelle, on ne saurait se résigner à leur insalubrité. Dans la campagne en faveur de l'habitation saine, il est donc indispensable de faire une part et une large part à l'amélioration des logements existants.

Voici, à cet égard, la contribution de M. Rivière :

L'article 2 de la loi du 30 novembre 1894 avait étendu l'action des comités d'habitations à bon marché qu'elle instituait à l'amélioration des logements existants. En présence de l'énormité de la tâche à accomplir, le législateur avait pensé que les comités feraient œuvre utile en modifiant les dispositions de certains immeubles, de manière à faire disparaître les causes intrinsèques de leur insalubrité par des réparations intelligemment conduites. C'est l'œuvre qu'a poursuivie avec succès, à Londres, miss Octavia Hilt (1865), et, à Bruxelles, la société *le Logement populaire amélioré*, fondée en 1904.

Les indications données dans ce sens par la loi n'ont pas été suivies avec autant d'empressement que celles qui sont relatives aux constructions neuves. Des tentatives intéressantes ont cependant été faites sur divers points. Nous citerons notamment la *Maison Sainte-Madeleine*, à Lille, acquise en 1900 et transformée par une société formée sur l'initiative de M. Féron-Vrau; à Paris, la *Société des logements économiques de Plaisance*, fondée par Mlle Chaptal, qui a amélioré deux maisons situées rue Guilleminot, 26 et 28 (XIVe); à Rouen, la *Grande Famille Rouennaise*, de création récente, qui a déjà transformé trois immeubles.

Nous croyons devoir citer les noms de ces œuvres auprès desquelles pourront se renseigner les personnes et sociétés qui seraient désireuses de suivre leur exemple. Il y a là un mode d'action relativement économique qui n'a pas été suffisamment utilisé jusqu'ici.

B. ASSISTANCE PUBLIQUE ET PRIVÉE. — Les sociétés qui entreprennent la création de ces immeubles arrivent à réaliser de grandes économies dans la construction, tout en se contentant d'une rémunération très réduite pour leurs capitaux, On peut estimer que les appartements qu'elles offrent en location se paient au moins 20 p. 100 meilleur marché que les appartements équivalents situés dans des maisons ordinaires. Néanmoins, leur prix est encore trop élevé pour pouvoir être abordé par les ouvriers à faible salaire, particulièrement s'ils sont chargés d'enfants, pour pouvoir abriter ces familles nombreuses et si intéressantes, dont le salaire ne peut suffire aux charges accablantes tenant à leur effectif.

C'est à l'assistance publique ou privée qu'il appartient alors d'intervenir pour remédier aux impossibilités cruelles qui résultent de la condition économique de ces travailleurs. M. Cheysson a exprimé l'avis de demander la solution du problème à l'initiative privée, aidée par l'action publique, c'est-à-dire à ce système que nos amis de Belgique appliquent à l'organisation de leurs retraites ouvrières sous le nom de « liberté subsidiée » (loi du 10 mai 1900). — Voici comment il développe sa pensée (1) :

Ce système est précisément celui de nos lois sur les habitations à bon marché de 1894 et 1906, et de la loi sur la petite propriété rurale, du 10 avril 1908. Seulement, étant données les conditions spéciales à la nouvelle catégorie dont il s'agit, il conviendrait, tout en respectant les principes et le mécanisme de ces lois, de majorer la part proportionnelle de l'État, qui représente dans ces entreprises, non pas seulement la part de l'encouragement, mais aussi celle de l'assistance.

Les immunités fiscales accordées aux habitations à bon marché ne se sont élevées, en 1907, qu'au chiffre très modeste de 227000 francs ; elles se tiennent donc encore dans une tonalité qu'on peut trouver très modérée, surtout si on les rapproche des libéralités généreuses attribuées, par exemple, à la mutualité. Rien ne semble donc plus naturel que de majorer ces encouragements si timides et si discrets, du moment où il s'agit du logement des familles nombreuses, n'ayant que des ressources insuffisantes.

L'État est tenu de le faire, d'abord, pour protéger la santé publique contre les dangers du taudis surpeuplé ; ensuite, pour diminuer ses dépenses d'assistance envers ces familles que l'insalubrité du logement condamne à la maladie, à l'alcoolisme, à la détresse, c'est-à-dire doit faire tôt ou tard tomber fatalement à sa charge ; enfin, pour encourager et récompenser leur fécondité, qui leur rend la vie si dure et qui est indispensable au recrutement de notre population.

L'idée de l'intervention de l'État en faveur de ces familles s'est fait jour dans un certain nombre de dispositions déjà

(1) Em. Cheysson : *Le logement des familles nombreuses à faible salaire* (Société française des Habitations à bon marché).

votées par le Parlement ou soumises à ses délibérations. Pour ne citer qu'une des plus récentes, la Chambre avait ajouté à la loi de finances de 1908 un amendement, aux termes duquel serait désormais inscrit au budget annuel un crédit de subvention aux communes pour familles nécessiteuses comptant au moins quatre enfants de treize ans. Cette disposition a été disjointe et renvoyée par le Sénat à une Commission, dont le président est M. Piot, l'infatigable défenseur de la population.

Le Parlement a donc conscience de ses devoirs envers ces familles nombreuses, sauf à chercher le meilleur mode de leur venir en aide. Or, on ne saurait faire de comparaison entre l'efficacité d'une aumône pécuniaire et celle d'une habitation salubre, au point de vue du relèvement de ces familles et de la protection de la cité. C'est donc bien de ce côté qu'il faut s'orienter résolument.

La construction directe écartée à cause de ses dangers économiques et sociaux, on se trouve naturellement amené à ces modes d'encouragement de l'initiative privée, qui ont déjà fait leurs preuves dans les lois sur les habitations à bon marché et qui consistent en immunités fiscales et facilités de crédit.

M. Rivière énumère les sociétés émanées de l'initiative privée qui se consacrent au soulagement des familles nombreuses, et il présente ainsi sommairement la caractéristique de chacune d'elles :

1° *L'assistance aux familles nombreuses*. — Il est juste de reconnaître que les sociétés d'habitations à bon marché ont été les premières à se préoccuper de cette situation. Il y a déjà dix ans que la *Société Philanthropique*, voulant intéresser les concierges à l'acceptation des familles nombreuses qui demandaient un logement, leur a alloué une prime annuelle de 1 franc par enfant habitant l'immeuble dont ils ont la garde. En même temps, la société accordait aux parents un dégrèvement de loyer de 10 francs par enfant au-dessus de deux.

La *Société anonyme des logements économiques pour*

familles nombreuses accorde, depuis le 1er janvier 1913, les dégrèvements suivants sur ses loyers aux pères de quatre enfants : 24 fr. par an jusqu'à 13 ans, 18 fr. jusqu'à 14 ans, 8 fr. jusqu'à 15 ans.

La Société *Le Progrès* a pu, grâce à divers concours charitables, constituer une caisse de dégrèvements à l'usage des familles qui habitent ses immeubles : ces allocations, pour une famille de sept enfants, peuvent atteindre 50 p. 100 du loyer.

Le fondateur de cette société a donné, dans un travail souvent cité, la formule mathématique que devraient atteindre ces dégrèvements (1) : « Tout ouvrier qui ne gagne pas un salaire égal à six fois le montant du loyer-type nécessaire pour loger sa famille ne peut acquitter, seul, cette charge ; la bienfaisance doit intervenir, dans une proportion qui varie de 7 à 54 p. 100 du loyer et sera calculée en double fonction du salaire et du nombre d'enfants. » Les tableaux annexés au rapport donnent les taux établis suivant ces principes.

La loi récente du 14 juillet 1913 fournit un moyen pratique de généraliser cette intervention, en permettant aux communes de consentir des subventions spéciales aux offices et sociétés construisant des immeubles affectés au logement de familles comptant plus de trois enfants de moins de seize ans. L'État participe à ces allocations, quand il s'agit de familles nombreuses nécessiteuses. Nous donnerons ci-après des explications sur l'importance de ces subventions et les conditions auxquelles elles peuvent être accordées.

Une œuvre nouvelle, constituée en 1909, sous le nom de *la Grande Famille*, s'est proposé pour but de procurer aux familles très nombreuses, comptant cinq enfants au moins, un logement salubre et suffisamment spacieux.

---

(1) Rapport de M. Fernand Fourcade au XVIIIe congrès diocésain de Paris sur *les habitations à bon marché*, pp. 176-177 du compte-rendu.

Les statuts prévoient trois modes d'action pour réaliser cet objet :

1° Engager les familles nombreuses à louer un logement plus vaste et plus salubre (en laissant, d'ailleurs, au chef de famille, le soin de le choisir) et leur offrir à cet effet un concours pécuniaire régulier, représentant tout ou partie du supplément de loyer qu'elles s'imposeront ainsi ;

2° Coopérer, par des subventions exceptionnelles, aux constructions de petites maisons individuelles que les familles se trouveront en mesure d'effectuer ;

3° S'entendre directement avec les propriétaires pour faciliter la location de leurs immeubles aux familles nombreuses.

L'œuvre nouvelle, débutant modestement avec de faibles ressources, a appliqué, tout d'abord, le premier point de son programme qui n'exige pas de capitaux importants. Elle a « transplanté », la première année, 2 familles avec 15 enfants, la seconde année, 10 avec 71 enfants. Peu à peu, cette action discrète a attiré l'attention : la presse a fait connaître cette formule de secours si souple, si efficace, si facile à défendre contre tout abus. Des œuvres semblables se sont fondées en province, à Chauny, à Lyon, à Amiens. A Lyon, la ville charitable par excellence, les dons venaient abondants, dès la première année, et dépassaient ceux de Paris. Mais la capitale se pique d'émulation; des comités viennent d'être fondés dans trois arrondissements, d'autres sont en préparation. En 1913, le nombre des enfants « transplantés » (c'est le terme adopté) atteint 1.100.

Les sociétés immobilières témoignent une grande sympathie à l'œuvre, en mettant à sa disposition des logements dans les nouvelles maisons qu'elles inaugurent. L'importance croissante de ce mouvement a décidé ses fondateurs à promouvoir la création d'une « *Union des grandes Familles* », association déclarée dont les statuts ont été déposés à la Préfecture de police en décembre 1913.

Dans une grande ville de province, où les immeubles sont cependant moins coûteux qu'à Paris, on a résolument attaqué, dès le début, le troisième point du programme. La *Grande Famille Rouennaise*, fondée en octobre 1912, a pris à bail trois maisons qu'elle a mises en état de propreté et de bonne hygiène et sous-louées à 44 chefs de famille possédant au moins cinq enfants. Le nombre total des occupants est de 304, dont 216 enfants. Un garde-meubles annexe reçoit les dons d'objets démodés offerts par des amis de l'œuvre ; un certain nombre de ces meubles est distribué en primes aux habitants des logements les mieux tenus.

On se rend facilement compte des particularités de cette œuvre : 1° elle ne s'adresse qu'aux familles *très nombreuses* ; 2° elle n'est pas une œuvre de secours, mais de concours, et subordonne ses allocations à un effort personnel du bénéficiaire.

L'assistance publique et privée s'était préoccupée depuis longtemps de venir en aide aux gens intéressants qui, pour une cause quelconque, ne pouvaient acquitter leur loyer à l'échéance.

2° *Les secours de loyers.* — Un écrivain particulièrement compétent a très bien mis en lumière les avantages de ce mode de secours.

« Le procédé, qui consiste à assister un ménage en lui assurant un logement sain et suffisamment spacieux, a le grand avantage de faire bénéficier l'ensemble de la famille du secours accordé. Cette méthode a tous les avantages du secours en nature, toujours préférable au don d'une somme d'argent ; elle est supérieure à l'allocation des bons de nourriture et de vêtements qui sont l'objet d'un commerce regrettable et, enfin, elle permet une surveillance constante de l'assisté qui évite l'allocation de secours aux faux pauvres (1). »

Les pouvoirs publics participent à ce mode de secours. Le conseil municipal inscrit au budget annuel de la Ville de Paris une somme de 300.000 fr. destinée à être distribuée en secours de loyer. Cette somme est remise à l'administration générale de l'Assistance publique, qui la répartit entre les bureaux de bienfaisance des vingt arrondissements, proportionnellement à leur population indigente. Le service de secours de l'administration centrale, 3, avenue Victoria, dispose, en outre, d'un crédit en faveur des familles expulsées faute de paiement de leur loyer au moment du terme. Par suite d'une entente avec l'administration municipale, un pavillon spécial a été aménagé à l'entrepôt de Bercy pour recevoir les mobiliers de ces pauvres gens, au cas où ils seraient obligés de recourir momentanément à l'hospitalité de l'hôtel garni. Ils retrouveront ainsi leurs meubles, le jour où il sera possible de louer un nouveau logement.

Des sommes parfois importantes ont été mises à la disposition de l'Assistance publique par des donations avec cette affectation spéciale. Citons notamment : 1° La *Fondation Hubert*, dont les revenus sont à la disposition de M. le directeur de l'Assistance publique ; 2° La *Fondation baron et baronne James de Rothschild* qui distribue, depuis 1871, à l'entrée de l'hiver, 10.000 francs en secours de loyer, par les soins des bureaux de bienfaisance des vingt arrondissements de Paris.

De son côté, la préfecture de Police répartit annuellement, de la même manière, un crédit de 20.000 francs alloué par le Ministère de l'Intérieur.

(1) Lucien FERRAND : *L'Habitation ouvrière et à bon marché*, p. 167, 1 vol. in-18, Paris, Victor Lecoffre, 1911.

Il est presque impossible de dresser une liste des œuvres privées distribuant des secours de loyer. Dans chaque paroisse, le curé en alloue par l'entremise des Sœurs de charité. Des œuvres spéciales s'occupent, en outre, du loyer de certaines catégories particulièrement intéressantes comme la *Fondation Orville et Mylius*, qui date de 1874, et est administrée par les Filles de la Charité de la Maison-Mère, rue du Bac, 140, avec mission de secourir spécialement les anciens officiers, leurs veuves ou leurs enfants ; l'*Œuvre des loyers*, fondée et administrée comme la précédente, et dont les revenus sont réservés aux pauvres honteux qui ont connu l'aisance et habitent les IIe et VIIe arrondissements ; l'*Œuvre des loyers du XIe arrondissement*, fondée en 1888, qui secourt les victimes du chômage ou de la maladie habitant l'arrondissement ; l'*Œuvre des loyers pour les vieillards du XVIe arrondissement*, etc., etc.

Nous nous bornerons à donner des indications plus étendues sur deux sociétés qui étendent leur action à tout Paris.

L'Abri, société de secours au moment du terme, a été fondé en 1900 et reconnu d'utilité publique en 1911. Son siège se trouve 3, quai Voltaire. L'association s'est donné pour but de distribuer des allocations au moment du terme, afin de maintenir l'indigent dans le logement qu'il occupe ou, si la chose est jugée préférable, de lui assurer ailleurs un nouveau foyer. Les secours ne sont jamais inférieurs à 20 francs et atteignent, parfois, 70 ou 80 francs. Ils devront être sollicités par l'entremise d'un adhérent de l'œuvre et ne pourront être renouvelés dans la même année.

L'Abri a fondé 17 comités adjoints dans la plupart des arrondissements de Paris. La fondation récente d'un comité à Neuilly-Levallois a étendu son action à la banlieue. Le montant de ses allocations, qui était de

10.055 fr. 45 en 1900, a atteint 119.141 francs en 1912 et 121.700 francs en 1913.

L'*amélioration du logement ouvrier*, 92, rue du Moulin-Vert (XIVe), date de 1902 et est également reconnue d'utilité publique. Cette association a pour but d'améliorer le loyer des familles ouvrières, tout en assurant sa stabilité : elle lutte efficacement contre la tuberculose et s'efforce d'élever la vie morale de ceux auxquels elle s'adresse. Au lieu d'accorder des secours, elle alloue des primes pour développer l'initiative chez les familles qu'elle visite. Elle recueille leurs économies dans une caisse de loyers et les grossit de sommes calculées suivant les ressources et les charges de la famille ; elle aide les familles nombreuses à trouver un logement salubre et suffisant, elle empêche leur chute en hôtel meublé, et les en fait sortir quand elles y sont tombées. Elle les seconde, au besoin, pour la reconstitution de leur mobilier, par des dons en nature tirés de son garde-meuble, où elle recueille tous les envois que lui font des personnes charitables. Cette société a créé des sections dans douze arrondissements de Paris. Elle se rattache à un ensemble d'œuvres qui ont le même siège social et lui prêtent un utile concours.

3° *Les caisses de loyers.* — L'association dont nous venons de parler nous a déjà montré à l'œuvre cette forme de secours qui consiste à recevoir, chaque semaine, les versements des intéressés et à leur rendre au moment du terme grossis et un intérêt de 5 à 20 p. 100, constituant une véritable prime d'encouragement à l'économie. On peut dire que la caisse est œuvre à la fois d'assistance et de prévoyance.

La *Société de Saint-Vincent de Paul* a pratiqué ce mode de secours dès 1846, date de la fondation de la première « caisse d'économie » dans la Sainte-Famille de la paroisse de Saint-Sulpice. Le nombre de ces caisses est, aujourd'hui, de 40 pour Paris ; chacune a son règlement propre et fixe ses allocations, suivant les ressources dont elle dispose. D'une manière générale, on constate dans ces divers règlements : 1° un encouragement à la bonne volonté et à la persévérance dans l'épargne ; 2° une préoccupation pour écarter et décourager la fraude ; 3° un souci croissant de graduer les primes en raison des charges et des ressources de chaque famille.

L'*Union populaire catholique*, fondée en 1904 pour seconder dans les faubourgs l'action des missionnaires diocésains, a compris les caisses de loyer au nombre des œuvres multiples qu'elle entretient. Quatre caisses fonctionnent dans les XVII°, XVIII°, XIX°, XX° arrondissements.

Enfin, la *Chambre syndicale des propriétaires immobiliers de la Ville de Paris*, 274, boulevard Saint-Germain (VII°), a pris récemment l'initiative de la création d'une caisse d'épargne pour petits loyers. Les versements sont recueillis chaque semaine à domicile, par les soins de la chambre syndicale, dans les maisons appartenant à ses adhérents, et le montant des versements effectués, augmentés de la bonification, est remis, la veille du terme, au locataire qui se charge de payer lui-même son loyer. Les allocations sont particulièrement importantes pour les familles ayant au moins trois enfants.

4° *Enseignement ménager*. — La femme est toute-puissante à la fois pour le bien et pour le mal. Nos Ligues, nos Fédérations, nos Alliances ne peuvent se passer de son concours. Si la femme ne les aide, leurs efforts seront voués à une stérilité certaine. Embusquée dans son taudis comme dans un fort Chabrol, la femme déjouera victorieusement tous nos efforts contre la tuberculose, l'alcoolisme, la mortalité infantile, en un mot, contre la misère sous toutes ses formes. Si, au contraire, nous avons su mettre dans notre jeu cette bonne

ménagère, qui remplit ses devoirs augustes d'épouse et
de mère, notre tâche sera singulièrement facilitée et
nous serons sûrs du succès. C'est ce que disait, avec
une éloquence prophétique, Jules Simon, quand il
s'écriait : « Pour sauver le pays, donnez-nous des
mères ! »

La *Société des Agriculteurs de France*, la *Société Générale d'Éducation et d'Enseignement*, la Maison-Mère des
Filles de la Charité, ont vivement encouragé, ces dernières années, le mouvement en faveur de l'enseignement ménager qui, organisé à ses divers degrés, forme
des épouses et des mères, bons génies de la famille. Il
importe que toutes les nobles initiatives prises dans ce
sens soient coordonnées et généralisées, de manière à
nous doter de ménagères qui sachent maintenir à l'état
de salubrité le logement sain qui aura été mis à leur
disposition, et, par là même, assurer à leur famille la
santé, le bien-être et la paix (1).

M. Rivière observe excellemment :

Il ne servirait de rien d'augmenter incessamment le nombre des logements sains et riants, de leur donner même un
jardin comme complément, si ces demeures devaient être
confiées à des ménagères ignorantes, sans soin, qui auraient
bientôt fait de convertir en un bouge l'appartement le plus
coquet.

Par la bonne tenue du ménage, la femme a un rôle capital
à jouer dans la famille. En rendant l'intérieur agréable, elle
y retiendra son mari et ses enfants; en tirant parti des moin-
dres ressources, elle augmentera la valeur du salaire du
mari.

Il est donc important que la jeune fille, la future mère de
famille, reçoive une formation préalable dans ces écoles de
ménagères qui donnent de si merveilleux résultats chez nos
voisins les Belges et les Suisses et qui tendent à se multi-

(1) Voir *l'Enseignement ménager*, par M. B. Cheysson (*Économiste
français*, 15-22 octobre et 12 novembre 1904).

plier dans notre pays, depuis treize ans. La future mère de famille y apprend à faire de la bonne cuisine à peu de frais, à blanchir et entretenir son linge, à tailler et à coudre les vêtements du mari et des enfants.

La diffusion de cet enseignement a été puissamment aidée par la création de cours normaux destinés à former des maîtresses de l'enseignement ménager. Citons notamment à Paris : l'*École normale ménagère*, 5, rue de l'Abbaye (1902), le *Cours normal catholique d'enseignement ménager*, 23, rue Bertrand (1911) ; à Lyon, l'*Enseignement normal ménager*, 8, rue Boissac ; à Dijon, l'*Enseignement normal ménager*, 2, rue Claude-Bernard, etc.

Dans le but de répandre dans les classes populaires les saines notions d'hygiène et de tenue de maison, la *Société de Saint-Vincent de Paul* a fait imprimer, sur des tableaux mesurant 0 m. 42 sur 0 m. 33, des *Conseils pour conserver la santé*. Le texte a été rédigé par un médecin ; il présente, sur trois colonnes, les principes indispensables pour la bonne tenue du ménage, l'alimentation de la famille, les soins à donner aux enfants en bas âge.

De nombreuses conférences ont encouragé cette propagande par l'institution de *concours de bonne tenue de maison*, ou de *prix de propreté*, entre les familles qu'elles visitent. Nous relevons les premiers concours de ce genre dès l'année 1850, à Lille. L'année suivante, ils font leur apparition à Paris où ils se sont multipliés depuis lors et donnent d'excellents résultats.

5° *Jardins ouvriers.* — Dans les villes où il ne lui est pas possible d'occuper une maison individuelle avec un jardin, le travailleur trouvera une compensation dans la possession d'un jardin ouvrier. On sait que cette œuvre a pour but de procurer à des familles chargées d'enfants la jouissance d'un coin de terre sur lequel elles pourront récolter les légumes nécessaires à leur subsistance, et alléger ainsi leurs dépenses d'alimentation. C'est une forme pratique du salaire familial, un concours alloué au père de famille qui accomplit dans sa plénitude le devoir prescrit par la loi divine.

Les produits matériels sont importants. Des statistiques établies avec soin par les jardiniers eux-mêmes prouvent que, avec un assolement réglé de manière à ne jamais laisser la moindre parcelle en friche, le produit du jardin atteint 1 franc par mètre carré.

Mais les résultats moraux sont bien autrement intéressants. Mieux encore que le logement, le jardin contribue à reconstituer la vie de famille, en groupant les enfants autour de leurs parents ; il offre une occasion de distractions au grand air qui empêchent de songer au cabaret ; il restaure la santé, compromise par l'atmosphère néfaste du taudis, et constitue, de l'avis des médecins les plus compétents, le meilleur remède préventif contre la tuberculose.

Les Conférences de Saint-Vincent de Paul se sont associées, dès le début, à la propagation de cette œuvre nouvelle. Elles ont créé, à partir de 1894, des jardins ouvriers dans le Nord, le Pas-de-Calais et la Somme : de là, les jardins ont gagné toute la France, même les grandes villes, Lyon, Lille, Rouen, Saint-Étienne, où les terrains sont plus rares et plus chers, même Paris, où on compte actuellement 1.200 jardins ouvriers. Sur ce nombre, 300 environ ont été créés et sont administrés par nos Conférences (1).

De son côté, M. Siegfried, dans l'ouvrage déjà cité, fournit d'utiles indications sur les *Sociétés de jardins ouvriers*. Nous y relevons ce qui suit :

Ces sociétés sont de diverses natures ; les unes, dont l'abbé Lemire et M. Robert Georges-Picot ont été parmi les premiers fondateurs, ont pour but de louer des terrains, de les convertir en petits jardinets, et de les louer ensuite, à très bas prix, aux travailleurs ; les autres achètent des terrains, les morcellent, forment de petits lots entourés de clôtures légères, et les louent avec promesse de vente à un prix déterminé.

(1) Le conseil central des Conférences Saint-Vincent de Paul de Paris a constitué, en 1913, un conseil chargé d'étudier toutes les questions relatives à l'habitation des familles que nous visitons. Ce conseil se réunit chaque mois, 6, rue Furstenberg ; il publie des tracts et des brochures et se tient à la disposition de tous les présidents et membres des Conférences qui désirent être renseignés sur l'un ou l'autre des points traités dans l'exposé sommaire, auquel nous avons fait de larges emprunts.

L'une des sociétés de ce genre qui a le mieux réussi est la *Société havraise des jardins ouvriers*, qui a été fondée il y a quelques années. Elle a acheté, avec son capital, dans la banlieue du Havre, un grand terrain, au prix de 2 francs environ par mètre carré. Elle y a tracé des rues bordées de trottoirs et de ruisseaux, elle a divisé le terrain par lots de 300 mètres environ, entourés d'une clôture, et elle offre ces jardinets, soit en simple location, soit avec promesse de vente payable en vingt ans. En somme, pour un jardin de 300 mètres carrés à 3 francs, soit 900 francs, on paye en simple location 36 francs par an, plus l'amortissement de 30 francs, si on veut devenir propriétaire, soit, en tout, 66 francs pendant vingt ans. En peu de temps, tous les lots, au nombre de deux cents, ont été pris, et tous sans exception avec promesse de vente. Voilà le moyen de jeter les bases d'une petite propriété sans être obligé de faire de grands sacrifices, car, en économisant 20 centimes par jour, on obtient ce résultat ! Il faut ajouter qu'en plantant des légumes dans son jardin, on peut en tirer un produit s'élevant de 100 à 150 francs par an. Que de bons moments on peut passer dans son jardin à cultiver fleurs et fruits en famille, soit le dimanche, soit pendant les matinées ou les soirées d'été, et que d'économies on réalise certainement, en ne connaissant plus le chemin du café ou du débit ! Aussi, à bref délai, on songe à construire une petite maison sur son terrain, où la société, avec prudence, a spécifié l'emplacement où la maison pourrait être bâtie sans dépasser une certaine hauteur et un certain alignement calculé pour ne pas enlever le soleil aux voisins.

C'est alors qu'intervient la Société d'habitation à bon marché pour faciliter le projet rêvé !

Les sociétés de jardins ouvriers approuvées par le Ministre du Travail sont assimilées aux sociétés d'habitations à bon marché, sauf en ce qui touche le concours financier des départements et des communes. Les caisses d'épargne peuvent organiser et exploiter des jardins ouvriers.

Toutes les questions relatives au logement ouvrier

relèvent du Ministère du Travail et de la Prévoyance sociale, direction de l'assurance et de la prévoyance sociales.

La loi du 23 décembre 1912 a permis aux départements et aux communes d'intervenir directement dans la construction et la gestion d'immeubles régis par la loi de 1906, par la constitution d'Offices publics d'habitations à bon marché qui sont des établissements publics autonomes, créés par décrets rendus en Conseil d'État, à la demande d'un ou de plusieurs conseils municipaux ou d'un conseil général. La commune ou le département qui veut provoquer la création d'un Office doit lui assurer une dotation en rapport avec les besoins auxquels il est appelé à faire face.

L'Office départemental d'habitations à bon marché du département de la Seine nous servira de démonstration de l'orientation et des tendances de ces nouveaux établissements publics. Il nous semble d'autant mieux choisi qu'il s'applique à la transformation de terrains en cités-jardins, et favorise ainsi l'enchaînement méthodique de la présente étude.

Nos autorités, en la matière actuellement examinée, sont indiscutables : M. DÉPINAY (1), l'éminent secrétaire général dudit Office, et son obligeant secrétaire administratif, M. GUILLON, chef du cabinet du président du Conseil général de la Seine. Notre ami, M. Duval-Arnould, ne pouvait nous adresser à de meilleures sources.

C'est sur la proposition de M. Henri Sellier, conseiller général du canton de Puteaux, qui, depuis, est devenu l'administrateur délégué de l'Office, que fut décidée la création dudit Office. Le remarquable rapport,

_____

(1) V. *Les Offices publics d'habitations à bon marché en 1917*, 2ᵉ partie, pp. 241-245 (Bulletin nᵒ 4 de la Société française des habitations à bon marché.)

qu'il présentait, le 21 juin 1914, au nom de la commission départementale des habitations ouvrières et du plan d'extension, proposait au Conseil général : 1º de solliciter la création d'un Office public d'habitations à bon marché du département de la Seine (1) ; 2º et d'allouer à l'Office une dotation en capital de 150.000 francs, payable en dix annuités de 15.000 francs chacune.

Dès le mois suivant, le Conseil d'administration de l'Office, dont M. Sellier était devenu l'Aministrateur-délégué, s'orientait nettement vers la transformation de terrains spacieux en cités-jardins formant un ensemble pour l'alimentation et pour tous ses services, par imitation de ce qui se pratique en Angleterre ; il a surtout envisagé l'aménagement en banlieue, sur de vastes emplacements, de lotissements-types avec prédominance marquée de constructions individuelles groupées de telle sorte qu'elles préparent l'extension rationnelle de l'agglomération. On comprend que, dans cet ordre d'idées, il y ait beaucoup à faire dans le département de la Seine.

L'Office s'est mis à l'œuvre sans retard pour s'assurer, avant la reprise de l'ère des spéculations foncières, les immeubles nécessaires à la réalisation de son objet. Les terrains devraient être situés dans les différentes parties de la périphérie de la capitale et contenir chacun au moins 8 à 10 hectares. Le conseil a donc décidé la recherche de terrains répondant à ces diverses conditions et de tenir compte, pour cette recherche, des lois de diffusion de la population.

(1) On trouvera les principales lignes directrices de l'action future de cet Office départemental (qui adoptait, le 4 juin 1917, son règlement intérieur) dans le résumé, très complet, présenté par M. Sellier à la séance du Conseil général du 20 décembre 1916 (*Bulletin municipal officiel de la Ville de Paris* du 21 déc. 1916, pp. 3171 et suiv.). — Le même *Bulletin* publie de très intéressantes données d'une enquête auprès de dix offices communaux et d'un autre office départemental, celui de la Loire.

Depuis, il a procédé à une enquête approfondie sur tous les immeubles qui paraissaient offrir les conditions indispensables d'utilisation pratique, et il a porté son choix sur un certain nombre de propriétés, qui, réparties dans les diverses régions de la banlieue, lui ont semblé répondre aux nécessités signalées par le rapport de M. Sellier au Conseil général. Mais, pour lui assurer la possibilité d'exécuter ses décisions, il fallait immédiatement lui fournir les ressources indispensables, M. Sellier a demandé et obtenu du Conseil général de la Seine l'attribution d'une dotation de dix millions de francs, inscrite au budget départemental de l'exercice 1917. Plusieurs terrains ont, à l'aide de cette dotation, déjà été acquis, et les études préparatoires à la mise en valeur sont en cours, de manière que les travaux d'exécution puissent être commencés aussitôt que le permettront les circonstances politiques et économiques générales, c'est-à-dire dès la fin de la guerre. L'Office s'est, en outre, rendu adjudicataire d'une maison située à Paris, 32, quai des Célestins, pour l'installation de ses services et l'organisation de ses bureaux.

Les terrains, déjà acquis aux quatre points cardinaux de la banlieue, sont les suivants :

À l'ouest, un terrain, sis à proximité du Mont Valérien, et à cheval sur les communes de Suresnes et de Rueil ;

Au sud, deux terrains situés, l'un sur la commune de Plessis-Robinson, l'autre, sur celle de Châtenay (la ferme de Malabry), tous deux ayant appartenu à la famille Hachette, et cédés momentanément par le département à la Croix-Rouge américaine qui y a installé des sanatoria pour tuberculeux ;

À l'est, un terrain situé sur la commune de Champigny ;

Et au nord, un autre terrain situé sur la commune de Stains.

L'Office répartirait ses terrains et ses installations, suivant la nature des lieux et des constructions. Ainsi, il affecterait Stains à la population ouvrière avoisinante; Champigny à des ménages de petits employés, tandis que les terrains de Suresnes, Rueil, Plessis-Robinson et Châtenay, seraient réservés à une clientèle plus relevée, peut-être même à des familles que la guerre a éloignées de leurs foyers. Présentement, il se livre à l'étude des plans de lotissement général de ces cités-jardins, de concert avec les architectes directeurs dont il s'est entouré, qui ont mission de les élaborer, et qui auront ensuite le contrôle des travaux exécutés sous leur inspiration.

Législation des habitations à bon marché.

C'est l'honneur de l'initiative privée d'être à l'avant-garde de toutes les grandes réformes et d'arracher aux pouvoirs publics des moyens d'agir : la législation sur les habitations à bon marché en est une preuve de plus. Elle est due à quelques hommes de bien auxquels nous ne saurions trop marquer notre gratitude, les Jules Siegfried, les Georges Picot, les Émile Cheysson, les Alexandre Ribot, les Paul Strauss, les Georges Risler. Elle a forgé l'instrument : les lois des 30 novembre 1894 et 31 mars 1896, abrogées par la loi de 1906, en marquent les premiers degrés. Puis se sont succédé les lois du 12 avril 1906, relative aux habitations à bon marché, du 10 avril 1908, relative à la petite propriété, du 19 mars 1910, du 26 février 1912, modifiant celle-ci, et du 23 décembre 1912, modifiant et complétant la loi du 12 avril 1906 (1).

(1) Voici, à leur égard, quelques indications sommaires :
La loi du 10 novembre 1894, due à l'initiative de M. Jules Siegfried, a introduit dans la législation française le principe de l'habitation à bon marché et en a déterminé, pour la première fois, les conditions

Nous ne saurions prétendre à présenter ici un commentaire, même succinct, de la législation des habitations à bon marché. Nous nous refusons à engager le lecteur dans un tel labyrinthe, où nous craindrions fort de nous égarer avec lui. Aussi bien, ce serait sortir du programme que s'est tracé cette brochure élémentaire ; elle n'a d'autre prétention que de grouper les principales données et solutions du problème du logement ouvrier.

En conséquence, nous nous bornerons à énoncer, dans cet ordre d'idées, quelques principes généraux, comme la définition de l'habitation à bon marché, comme l'énumération des personnes habiles à construire des habitations à bon marché. L'ensemble constitue une législation de faveur, créée en dérogation du droit commun en matière de construction. Dès lors, nous renverrons le lecteur à l'intéressante œuvre de vulgarisation de M. Roger Merlin, avec laquelle nous l'avons familiarisé. Il y pourra étudier à loisir : le genre d'immeubles auxquels s'applique cette législation spéciale, — en quoi consistent ces privilèges qui peuvent se diviser en deux grandes catégories : exemptions d'impôt et facilités de crédit et d'assurances, — les organes légaux créés pour venir en aide aux constructeurs et les surveiller, — enfin, le régime spécial qui peut être institué à l'égard des habitations à bon marché (1).

---

d'application. Elle a, depuis, été remplacée par la loi du 17 avril 1906, qui est devenue la charte de l'habitation populaire économique et salubre.

Il est permis d'espérer que la loi du 19 mars 1910 sur le crédit agricole à long terme facilitera l'amélioration du logement populaire rural.

(1) V. l'ouvrage, déjà cité, de Roger MERLIN : *La crise du logement et les habitations à bon marché* : 6, Construction de la maison à bon marché (pp. 53-89). — Nous signalons aussi le Tract N° 2 de la Société française des habitations à bon marché sur l'importante *loi*

Définition de l'habitation à bon marché. — On entend par « habitation à bon marché » un immeuble bien construit, salubre et édifié dans les conditions qui lui permettent de jouir des bénéfices concédés par la législation spéciale en abaissant ainsi le prix de revient du bâtiment et le loyer du locataire.

Désormais, les sociétés approuvées par le Ministre du Travail et de la Prévoyance sociale auront, seules, le droit de prendre ce nom. L'article 6 de la loi du 23 décembre 1913 édicte des sanctions sévères contre les sociétés qui contreviendraient à cette prescription.

Les maisons ainsi définies peuvent être :

1° Collectives, c'est-à-dire renfermant plusieurs logements occupés chacun par une famille ;

2° Individuelles, c'est-à-dire destinées à abriter une seule famille.

Les unes et les autres doivent remplir trois conditions, pour rentrer dans les termes de la loi :

1° Être destinées à des personnes peu fortunées vivant principalement de leur salaire ;

2° Être évaluées à une valeur locative qui ne dépasse pas les maxima fixés par la loi ;

3° Présenter les conditions de salubrité prévues par les règlements municipaux relatifs à l'hygiène publique.

Le bénéfice de la loi est acquis, par cela seul que la destination principale de l'immeuble est d'être affectée à des habitations à bon marché. Toutefois, les exemptions d'impôts accordées ne s'appliqueront qu'aux parties de l'immeuble réellement occupées par des logements de cette catégorie ; les boutiques et logements dépassant les maxima prévus en seront exclus.

En ce qui concerne les *maisons individuelles*, dont le prix est plus élevé que celui d'une maison collective, les maxima

du 12 avril 1906 et les encouragements donnés à la construction d'habitations à bon marché, par M. Edmond Juge, administrateur-délégué de la *Société des logements économiques pour familles nombreuses*, et dans l'ouvrage, également déjà cité, du docteur Martial, l'examen économique et légal de la dite loi : ch. XXVII, pp. 363-366.

prévus sont augmentés d'un cinquième. Leur valeur est calculée, en appliquant le taux de 4,75 au prix de revient de la construction augmenté de la valeur du terrain. Par exemple, une maison, qui coûte 10.000 francs, représente une valeur locative de 475 francs.

Qui peut construire des habitations à bon marché ? — Dans le but de développer, le plus possible, les constructions de ce genre, le législateur a étendu le bénéfice de la loi à tous ceux qui construisent des maisons rentrant dans les définitions précisées ci-dessus. Par conséquent :

1° Aux particuliers, sociétés commerciales, industrielles ou minières ;

2° Aux établissements publics désignés à l'article 6 de la loi, bureaux de bienfaisance en province et administration de l'Assistance publique à Paris, hôpitaux et hospices. Ces établissements ont le droit d'employer à cet usage une fraction de leur patrimoine qui ne pourra excéder deux cinquièmes, avec l'autorisation du préfet ;

3° Aux communes, à la condition que les immeubles construits soient réservés aux familles nombreuses, jusqu'à concurrence des deux tiers, et que la commission ait obtenu l'autorisation du Conseil d'État ;

4° Aux sociétés spéciales, dites sociétés d'habitations à bon marché (1).

Il paraît utile de recommander ici, plus particulièrement pour nos lecteurs des campagnes, l'étude que M. Rivière (2) consacre aux prêts individuels et aux sociétés de crédit immobilier que la loi du 10 avril 1908, relative à la petite propriété et aux maisons à bon marché, a instituées en faveur des laborieuses populations agricoles, dont les salaires réduits ne sauraient suffire à des versements mensuels un peu lourds. Cette loi, connue sous le nom de loi Ribot, qui offre à l'ouvrier rural des moyens précieux d'acquérir un champ, un jardin ou une maison individuelle, appelle une mention spéciale dans un travail qui s'adresse habituellement aux

(1) *Manuel pratique des lois sociales et ouvrières*, pp. 55-57.
(2) MANUEL PRATIQUE DES LOIS SOCIALES ET OUVRIÈRES, déjà cité : *Encouragement à la petite propriété*, pp. 70-77.

ouvriers et employés des villes, principalement des centres industriels : son caractère même justifie la dérogation à la réserve que l'on s'est, ici, imposée, sur l'ensemble de la législation des habitations à bon marché.

Nous devons à une obligeante communication de M. R. Merlin l'énumération suivante des plus récentes lois sur la matière ; cette énumération est appelée à prendre place dans une étude qu'il doit publier prochainement.

Loi du 14 juillet 1913 relative à l'assistance aux familles nombreuses. — L'article 32 de la loi du 23 décembre 1912 permettait aux communes de subventionner les offices publics et les sociétés d'habitations construisant des immeubles principalement affectés aux logements pour familles nombreuses comprenant plus de trois enfants de moins de 16 ans.

L'article 13 de la loi de 1913 étend les dispositions de l'article 32 aux maisons individuelles affectées aux familles nombreuses.

Participation de l'État pour moitié, en ce qui concerne les familles nombreuses dont les ressources sont insuffisantes aux subventions accordées par les communes aux offices publics et aux sociétés d'habitations.

Loi du 10 février 1914 relative aux avances des sociétés de crédit immobilier pour l'acquisition de la petite propriété.

L'emprunteur doit être salarié, fermier, métayer, cultivateur, artisan ou petit patron travaillant seul, ou avec un seul ouvrier, ou avec les membres de sa famille.

Loi du 31 juillet 1917 sur la taxe d'écoulement aux égouts, pour les habitations à bon marché, à Paris.

Loi du 9 avril 1918 relative à l'acquisition de petites propriétés rurales par les pensionnés militaires et victimes civiles de la guerre, permettant aux sociétés de crédit immobilier et agricole de consentir des prêts individuels hypothécaires à 1 % pour l'acquisition, l'aménagement, la transformation et la reconstruction de petites propriétés rurales, d'une valeur maximum de 10.000 francs pour vingt-cinq ans, la dernier remboursement devant avoir lieu à l'âge de 60 ans de l'emprunteur : 1° aux anciens militaires et marins, titulaires de pensions d'invalidité payées par l'État pour blessures reçues ou infirmités contractées au cours de la présente guerre ; 2° aux veuves titulaires de pensions ou d'indemnités viagères, payées par l'État ou la Caisse de prévoyance des marins français, à raison du décès de leur mari pour blessures reçues ou maladies contractées postérieurement au 2 août 1914 ; 3° aux ayants droit à des indemnités viagères ou pensions payées par l'État ou la Caisse de prévoyance des marins français, à raison de dommages causés aux personnes par les faits de la guerre, à charge de se soumettre à la loi du 5 avril 1910 sur les retraites ouvrières et paysannes.

Pour être aussi complet que possible, nous signalerons, en terminant, une proposition de loi (1) que 170 députés appartenant à tous les partis politiques de la Chambre viennent de déposer (Annexe n° 4580) « relative aux associations constituées en vue de faciliter le logement des familles nombreuses ».

L'exposé des motifs rappelle, tout d'abord, « que, dans les grandes métropoles urbaines et leur périphérie, ainsi que dans les régions industrielles à population dense, les familles nombreuses rencontraient de grandes difficultés pour se loger ». Tant que le moratorium des loyers fut admis, il y eut relativement plus de commodités ; mais, avec la nouvelle législation, les difficultés vont certainement renaître et « s'aggraver du fait de la diminution du nombre des logements par les dévastations de l'ennemi ».

Des efforts ont été tentés déjà par des associations privées de bienfaisance, comme la Grande famille, des sociétés d'habitations à bon marché, des municipalités, des caisses d'épargne, des établissements d'assistance publique. Mais il faudrait d'énormes capitaux pour répondre à tous les besoins immédiats. N'y a-t-il pas un autre moyen de venir en aide aux familles nombreuses dans la recherche d'un logement

(1) *Information*, du 12 mai 1918.

sain et suffisant ? C'est ce que les auteurs de la proposition ont recherché, en favorisant la création de nouvelles associations qui « ne construiraient pas d'immeubles nouveaux, mais qui loueraient en totalité, par baux de longue durée, des immeubles existants, les assainiraient et les aménageraient en vue du logement exclusif des familles nombreuses ».

Les associations assumeraient la charge de la gestion des immeubles ; les propriétaires — avec l'avantage de baux de longue durée, d'un revenu fixe — n'auraient à supporter ni les frais de petites réparations et d'entretien, ni les ennuis de la gestion.

Les associations ne devraient ni réaliser de bénéfices, ni subir de pertes : elles consentiraient les baux aux familles nombreuses, à prix coûtant. En recettes, figureraient à leurs comptes les loyers perçus et les cotisations de leurs membres ; en dépense, le loyer payé au propriétaire de l'immeuble, les frais d'entretien et de gestion.

Mais, pour aménager et assainir ces logements, il faudrait un fonds de roulement nécessaire, la première année, et que l'on récupérerait pendant les années suivantes.

Il faudrait, enfin, que le logement fût à bon marché. A cet effet, la proposition prévoit l'intervention de l'État qui devra accorder aux associations une subvention annuelle de 10 francs par enfant logé. Ces subventions seraient doublées par celles du département et de la commune. La totalité des sommes ainsi versées aux associations devrait être imputée en dégrèvement des loyers des familles portées au prorata du nombre de leurs enfants.

Conclusions.

Nous voici parvenu au terme de notre étude.

Nous appuyant sur les travaux et le témoignage des hommes qui ont de plus près étudié ces graves problèmes, nous avons examiné l'importance sociale du logement, le rôle qu'il joue dans la vie humaine ; nous avons décrit le taudis, ses causes et ses dangers ; nous

avons passé en revue les efforts de l'initiative individuelle et des pouvoirs publics pour améliorer l'habitation ouvrière; nous avons sommairement exposé
les moyens pratiques qui permettent d'atteindre ce but;
nous avons indiqué les secours que le législateur met,
à cet effet, depuis vingt-cinq ans, à la disposition des
classes laborieuses et des familles nombreuses.

Il est temps de conclure cette étude et d'en dégager
quelques conclusions.

M. Siegfried l'a dit, avec l'autorité que lui donnent
son expérience parlementaire, sa haute situation dans
l'industrie et sa qualité d'ancien président de la *Société
française des habitations à bon marché* :

Il est incontestable, tout d'abord, que, depuis cinquante
ans, le logement a subi de sérieuses améliorations; mais le
nombre des logements insalubres est encore beaucoup trop
considérable. Le plus grand danger est l'encombrement,
et il est difficile de l'éviter, dans nos grands centres
où la cherté des loyers conduit l'ouvrier à se loger dans un
local aussi réduit que possible. Si donc des progrès sensibles
ont été faits, ceux qui restent à faire sont plus considérables
encore.

Mais, dira-t-on, comment le travailleur pourrait-il se loger
convenablement, alors que si souvent son salaire est à peine
suffisant pour subvenir à sa nourriture et à celle de sa
famille? — Il ne faut pas s'exagérer l'importance de cette
objection. Un logement agréable et bien tenu, en retenant
le père de famille dans son intérieur, l'empêche de faire, au
cabaret ou ailleurs, bien des dépenses inutiles, et ces économies compensent vite l'excédent du loyer. Il est bon de
rappeler, à ce propos, le précepte d'un homme de grande
expérience, qui disait : « Il faut se loger au-dessus de sa
condition, se vêtir selon sa condition, et se nourrir au-des-
sous de sa condition. »

Combien d'ouvriers dépensent en petits verres, en apéritifs,
des sommes importantes qu'il serait plus sage de consacrer
au logement! Une alimentation simple, une habitation salubre, sont les meilleures garanties de la santé, qui est le pre-

mier des biens. Dans un intérieur agréable, l'homme con-
tracte tout naturellement des habitudes de bonne tenue, de
dignité morale, qui sont les plus puissants facteurs de per-
fectionnement et de progrès.

Un foyer misérable engendre, au contraire, la négligence,
l'immoralité, le vice ; affaibli, avili, l'homme devient la proie
facile des maladies, et c'est ainsi que nous voyons de malheureuses familles entièrement ravagées par la tuberculose,
et traînant dans la plus hideuse misère une existence de
honte et de douleur.

L'amélioration du logement ouvrier est un véritable devoir
social qui se pose pour tous. La question n'intéresse pas les
seules classes laborieuses, mais bien toute la société. Nous
sommes tous solidaires, de par la loi des faits ; le riche, dans
sa belle maison, est exposé à contracter les maladies engen-
drées, ou développées, à quelques pas de là, dans l'habitation
insalubre et encombrée du pauvre. C'est son intérêt qui
lui commande d'améliorer et d'assainir le logement misérable ; c'est l'intérêt général qui dicte aux pouvoirs publics
leur intervention.

Nous avons évoqué, au cours de cette étude, le plus
sincèrement que nous avons pu, cette effrayante armée
de malheureux ouvriers déracinés, dont plus de la moitié, encore aujourd'hui, est odieusement logée, dans les
repaires de nos grandes villes. Autrefois, tous les corps
de métiers formaient autant de confréries charitables :
c'est ainsi que les orfèvres donnaient à dîner aux pauvres, que la corporation des rôtisseurs allouait le tiers
des amendes qu'elle s'imposait à soutenir les pauvres
gens. Aujourd'hui, ces coutumes de charité sont per-
dues. Nous nous sommes attaché à la description, à la
suite de M. Rivière, des nombreux remèdes que suscite
au taudis l'initiative privée ; nous avons vu à l'œuvre
ces « hommes de grand mérite qui, obéissant aux direc-
tions sociales du Pape Léon XIII, aident de leurs conseils
et de leur fortune les artisans, et pourvoient à ce qu'ils
ne manquent jamais d'un travail honnête et fruc-

tueux (1) »; nous avons signalé les admirables orga-
nisations de ces habitations ouvrières qui sont l'honneur de notre temps et la récompense des efforts
d'une charité intelligente et bien comprise. Nous nous
sommes ainsi rendu compte, une fois de plus, de la
sagesse d'une parole que l'on ne saurait trop répéter :
« La France meurt de la concentration et du fonction-
narisme. »

Nous publions ci-dessous, en annexe, une *Bibliographie* des ouvrages à consulter pour se rendre compte
de l'histoire du mouvement en faveur des habitations à
bon marché ; le nombre de ceux de ces ouvrages qui sont
épuisés atteste combien le public de notre temps porte
d'intérêt à la grande question du logement de l'ouvrier.

Enfin, nous applaudissons de toute notre âme à ce
langage, si élevé, de l'ingénieur éminent doublé du
moraliste chrétien et de l'économiste, auquel nous avons
fait de si fréquents emprunts, M. Cheysson terminait
ainsi son étude sur *le Taudis* :

Je parlais tout à l'heure de croisade. C'en est une, en effet,
qui doit grouper toutes les bonnes volontés, sans aucune
acception de divisions politiques ou confessionnelles. De
quelque point de l'horizon que nous arrivions, nous devons
tous unir étroitement nos mains et nos cœurs pour voler au
secours de nos frères et sœurs si cruellement éprouvés par
l'insalubrité de leur logement, pour combattre l'alcoolisme
et la tuberculose, pour apaiser les esprits aigris par la souffrance et pour accomplir ainsi, grâce à notre effort commun,
une œuvre d'humanité, de patriotisme, de paix sociale et
d'amour.

(1) Lettre Encyclique de S. S. Léon XIII sur la condition des
ouvriers.

BIBLIOGRAPHIE (1)

Ouvrages à consulter pour se rendre compte de l'histoire du mouvement en faveur des habitations à bon marché.

Picot (Georges). — *Un devoir social et les logements ouvriers.* — Paris, Calmann-Lévy, 1885, 1 vol. in-8°. Prix : 1 fr. 25.

Idem. — *Rapport du Jury international de l'Exposition universelle de 1889, Section des habitations ouvrières.* — Paris, Calmann-Lévy.

Siegfried (Jules). — Chambre des députés. — *Proposition de loi relative aux habitations ouvrières.* — Annexe au procès-verbal de la séance du 5 mars 1892.

Idem. — Chambre des députés. — *Rapport fait au nom de la commission chargée d'examiner la proposition de loi de M. Jules Siegfried relative aux habitations ouvrières.* — Annexe au procès-verbal de la séance du 29 octobre 1892.

Idem. — Chambre des députés. — *Rapport fait au nom de la commission d'assurance et de prévoyance sociales chargée d'examiner la proposition de loi adoptée par le Sénat, relative aux habitations à bon marché.* — Annexe au procès-verbal de la séance du 23 novembre 1894.

Idem. — *Conférence sur les habitations à bon marché.* — — *Architecture 1904* — Paris, Dumoulin, 1904.

Idem. — *Les habitations à bon marché.* — Paris, Alcan, 1914. Brochure.

Cheysson (Émile). — *La question des habitations ouvrières en France et à l'Étranger.* — Paris, Masson, 1886. Brochure. (*Épuisée.*)

Idem. — *Le Taudis, ses dangers, ses remèdes.* — Société française des habitations à bon marché, 1907. Brochure. Prix : 0 fr. 15.

Idem. — *Le logement des familles nombreuses à faible salaire.* — Paris, Chaix, 1908. Brochure. Prix : 0 fr. 20.

Foville (Alfred de). — *Enquête sur les conditions de l'habitation en France.* — *Les maisons-types, avec une intro-*

(1) La plus grande partie des ouvrages relevés ici provient de la Bibliographie publiée dans les excellents ouvrages de MM. Roger Merlin et Louis Rivière.

duction de M. Alfred de Foville. — Ministère de l'Instruction publique : comité des travaux historiques et scientifiques. — Paris, Leroux, 1894. (*Épuisée.*)

Nouvion (G. de). — *L'exposition d'économie sociale.* — *Les habitations ouvrières.* — Paris, Guillaumin, 1900. (*Épuisée.*)

Lucas (Ch.) — *Étude sur les habitations à bon marché en France et à l'Étranger.* — Paris, Librairie de la Construction moderne, Aulanier, 1900. (*Épuisée.*)

Cacheux (Émile). — *Les habitations ouvrières en tous pays.* — Paris, Béranger, 1903. Atlas in-4°. Prix : 60 francs ; 1 vol. in-8°. Prix : 9 fr. 60.

Ferrand (Lucien). — *L'habitation à bon marché.* — Paris, Rousseau, 1906. 1 vol. in-8° raisin. Prix : 6 fr. 60.

Idem. — *L'habitation ouvrière à bon marché*, 1 vol. in-18. — Paris, J. Gabalda, 1911. Prix : 2 francs.

Rivière (Louis). — *La Terre et l'Atelier. Jardins ouvriers,* 1 vol. in-18. — Paris, J. Gabalda, 1904. Prix : 2 francs.

Idem. — *Le bien de famille, son passé et son avenir.* — Action populaire de Reims. Prix : 0 fr. 25.

Curé (J.). — *Ma pratique de la culture maraîchère,* 1 vol. in-18. — Paris, Librairie agricole de la Maison rustique, 1904. Prix : 2 fr. 50.

Jardins ouvriers. (Organisation, statuts et règlements). — Actes sociaux, n°s 16-17. Action populaire, Reims. Prix : 0 fr. 50.

Bacquet (P.-J.). — *Les jardins ouvriers de France et le Terrianisme,* 1 vol. in-8°. — Paris, Bonvalot-Jouve, 1906. Prix : 4 francs.

Strauss (Paul) et Baulez (Charles). — *Habitations à bon marché.* — *Commentaire juridique de la loi du 12 avril 1906 et Guide pratique.* — Paris, Flammarion, 1907.

Turot (H.) et Bellamy (H.). — *Le surpeuplement et les habitations à bon marché.* — Paris, Alcan, 1907. 1 vol. in-8°. Prix : 6 fr. 60.

Mémoires et documents du Musée social. — *Les espaces libres à Paris.* — Juillet 1908.

Schioll (Louis). — *Habitations à bon marché.* — *Commentaire de la loi du 10 avril 1908 relative à la petite propriété et aux maisons à bon marché.* — Paris, Marchal et Billard, 1908, in-8° carré. Prix : 4 fr. 20.

Leybach (Alfred). — *Les habitations à bon marché, la*

petite propriété, le bien de famille insaisissable ; commentaire pratique des lois du 12 avril 1906 et du 10 avril 1908, suivi du texte de la loi du 12 juillet 1909 sur le bien de famille insaisissable et du rapport au Sénat de M. Guillier. — Épinal, Imprimerie nouvelle, 1910.

IDEM. — Ce que tout le monde doit savoir sur les habitations à bon marché et la petite propriété. — Brochure éditée par l'Avenir de la Mutualité, 10, rue Christoly, Bordeaux.

GEORGES-RISLER. — Les plans d'aménagement et d'extension des villes. — Mémoires et documents du Musée social, novembre 1912.

REY (A. Augustin). — Le cri de la France : des logements ! — Paris, RIVIÈRE, 1912. Brochure in-8°. Prix : 0 fr. 90.

DARVILLE (Will). — Les habitations à bon marché en France et à l'Étranger, par Ch. Lucas ; nouvelle édition mise à jour et considérablement augmentée. — Paris, Librairie de la construction moderne, 1912. 1 vol. gr. in-8°. Prix : 22 francs.

BONNEVAY (L.). — Chambre des députés. — Rapport fait au nom de la Commission d'assurance et de prévoyance sociales sur le projet et les propositions de loi concernant les habitations à bon marché. — Annexe au procès-verbal de la 2e séance du 29 mars 1912.

HONNORAT (André). — Chambre des députés. — Rapport fait au nom de la Commission de l'hygiène publique chargée d'examiner la proposition relative à l'expropriation pour cause d'insalubrité publique. — Annexe au procès-verbal de la séance du 19 janvier 1912.

GEORGES-CAHEN. — Le logement dans les villes ; la crise parisienne. — Paris, Alcan, 1913. 1 vol. in-16. Prix : 3 fr. 50.

BERTILLON (Dr Jacques). — Statistique des logements à Paris. — (Recueil de statistique municipale de la ville de Paris, n° 5-1912). (Paru en 1913).

MERLIN (Roger). — La crise du logement et les habitations à bon marché. — Comité National, 41, rue de Provence, 1913, in-8°. Prix : 0 fr. 60.

BOUR (Alfred). — Comment loger les autres et se loger soi-même. 1 vol. in-18. — Paris, Pierre ROGER et Cie, 1913. Prix : 2 francs.

Recueil de documents sur la Prévoyance sociale. Habitations

à bon marché et encouragements à la petite propriété.
1 vol. in-8°. — Paris, BERGER-LEVRAULT, 1913. Prix : 2 fr. 25.

CENET. — *Manuel des habitations à bon marché et de la petite propriété*, in-18. — Collect. de manuels Dalloz.

BIGET (Henri). — *Le logement de l'ouvrier*, in-12. — JOUVE.

CURÉ (J). et MARAVAL (M). — *La Maisonnette et son jardin*, 1 vol. in-18. — Paris, Librairie agricole de la Maison rustique, 1913. Prix : 2 francs.

BEAUFRETON (Maurice). — *L'Enseignement ménager*, 1 vol. in-18. — Paris, J. GABALDA. Prix : 2 francs.

Guide de l'enseignement ménager. — Bureaux de la Ligue pour la liberté de l'enseignement, 53, rue de Babylone. Prix : 0 fr. 50.

Manuel de l'enseignement ménager, publié par l'Union des syndicats agricoles du Sud-Est. — Lyon, 16, rue du Plat. Prix : 2 francs.

HACHIN. — *Le bien de famille insaisissable*, Action populaire de Reims. Prix : 0 fr. 25.

GUILLARD. — *Manuel pratique pour constituer un bien de famille insaisissable*, 1 vol. petit in-8°. Imprimerie VENTHENET, Barbezieux, 1911.

Les lois en faveur de la petite propriété et des habitations à bon marché. — Actes sociaux n°ˢ 55-60. Action populaire, Reims. Prix : 1 fr. 50.

LARDEUR-BECQUEREL (Joseph), PRANARD (Charles) et SÉRIS (Henri). — *Traité des sociétés de crédit immobilier*. — Lille, NUEZ et Cⁱᵉ, 1913. (En vente à l'Union des sociétés de crédit immobilier, 9, rue Coq-Héron, Paris.) 1 vol. petit in-4°. Prix : 3 francs.

Bulletin de la Société française des habitations à bon marché.

Congrès internationaux des habitations à bon marché, comptes-rendus des neuf Congrès.

Congrès internationaux d'assainissement et de salubrité de l'habitation.

SOCIÉTÉ DE SAINT-VINCENT DE PAUL. — *Manuel pratique des lois sociales et ouvrières*, 1 vol. gr. in-12. — Paris, BEAUCHESNE, 1918. Prix : 4 fr. 20.

LA CHAPELLE-MONTLIGEON (ORNE). — IMP. DE MONTLIGEON. — 8809-18.

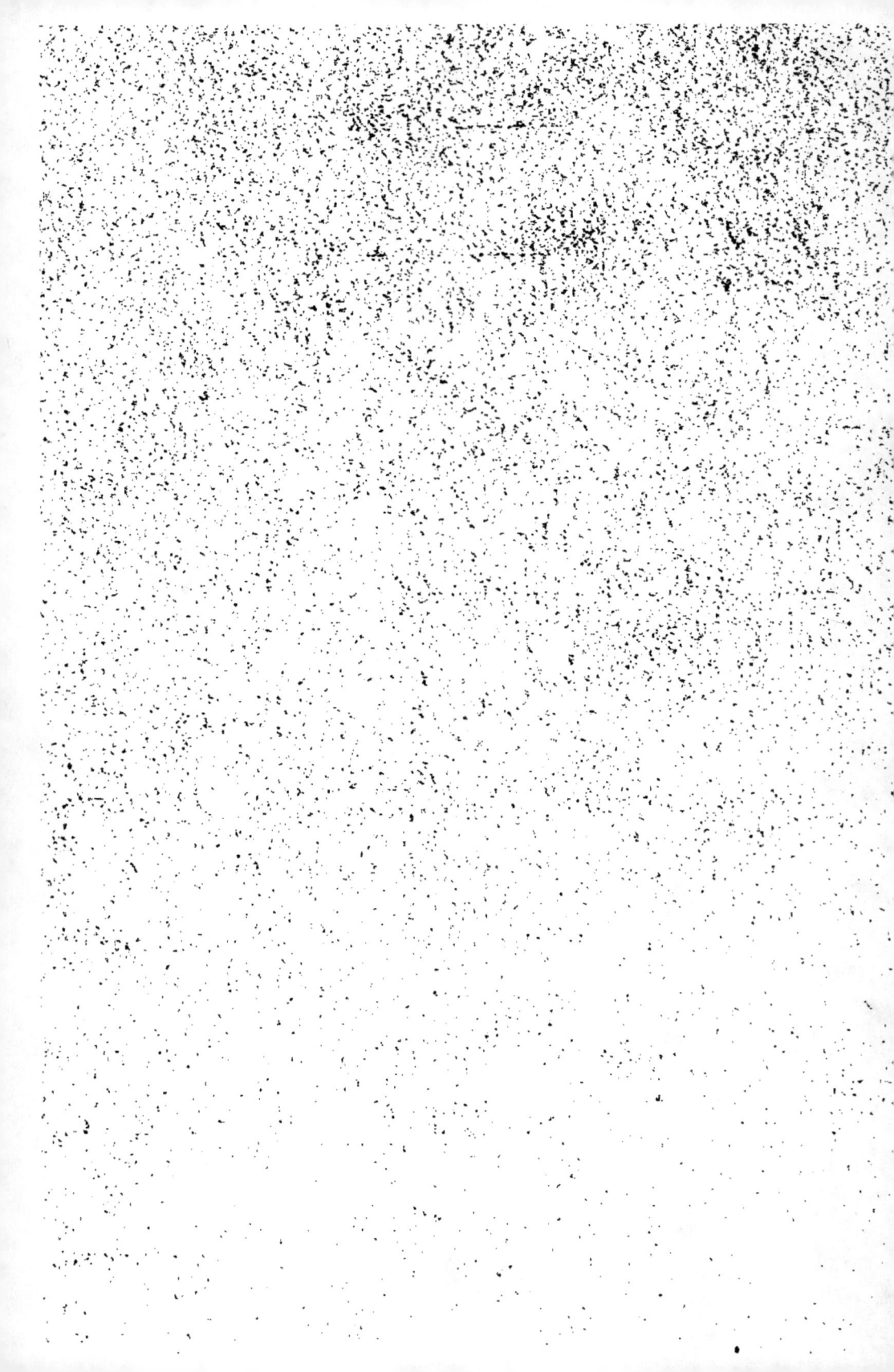

www.ingramcontent.com/pod-product-compliance
Lightning Source LLC
Chambersburg PA
CBHW070904280326
41934CB00008B/1580